LYRANDA MARTIN EVANS ist preisgekrönte Werbetexterin und aktuell Creative Director bei einer der führenden Werbeagenturen Kanadas. Sie schreibt Comedy und geht damit auch auf die Bühne; in einem früheren Leben arbeitete sie mal als Barkeeper, daher stammen die köstlichen Cocktail-Rezepte.

FIONA STEVENSON ist preisgekrönte Spezialistin für die Vermarktung von Marken, außerdem ist sie Innovationsberaterin und richtet oft Veranstaltungen für Konzerne aus. Sie ist gelernte Improvisationskünstlerin, schreibt Sketche und führt sie auch auf.

GEMEINSAM schreiben die beiden den beliebten Blog *Reasons Mommy Drinks*.

Verfolgen Sie *Reasons Mommy Drinks* auf Facebook.com/reasonsmommydrinks und Twitter.com/mommyreasons.

LYRANDA MARTIN EVANS
und
FIONA STEVENSON

Nüchtern steh ich das nicht durch

Warum auch Mütter
manchmal einen Drink brauchen

Aus dem Amerikanischen von Martin Bauer

WILHELM HEYNE VERLAG
MÜNCHEN

Die Originalausgabe erschien 2013 bei Three Rivers Press,
New York, unter dem Titel *Reasons Mommy Drinks*
(Includes 100 Cocktail Recipes to Enjoy in Your Zero Free Time).

This translation is published by arrangement with Three Rivers Press,
an imprint of the Crown Publishing Group, a division of
Random House LLC, a Penguin Random House Company

Teile des englischen Originals wurden auf dem Blog
ReasonsMommyDrinks.com erstveröffentlicht.

Verlagsgruppe Random House FSC® N001967
Das für dieses Buch verwendete
FSC®-zertifizierte Papier *Holmen Book Cream*
liefert Holmen Paper, Hallstavik, Schweden.

Deutsche Erstausgabe 09/2015

Printed in Germany 2015
Redaktion: Anja Freckmann
Umschlaggestaltung: Eisele Grafik-Design, München
Autorenfoto: © Gustavo Gonzalez
Satz: Schaber Datentechnik, Wels
Druck und Bindung: GGP Media GmbH, Pößneck

ISBN: 978-3-453-60337-0

www.heyne.de

Dieses Buch ist unseren fantastischen Kindern gewidmet, die unsere Herzen mit endloser Freude erfüllen. Vor eurer Geburt wussten wir nicht einmal, dass ein solches Glück überhaupt möglich ist. Wenn ihr mal älter seid und dieses Buch lest, kehrt uns nicht gleich für immer den Rücken – es hat nicht das Geringste mit eurer Kindheit zu tun. Und jetzt übergeben wir an unsere Anwälte:

Dies ist ein fiktionales Werk. Namen, Personen, Orte und Vorfälle sind entweder von den Autorinnen frei erfunden oder wurden fiktiv verwendet. Jede Ähnlichkeit zu tatsächlichen Ereignissen oder Orten oder Personen ist rein zufällig.

So, das Gesetz hat gesprochen. Dagegen gibt es keine Argumente. Kinder, schiebt euren zukünftigen Teenager-Weltschmerz also nicht auf eure unmöglichen Eltern und versucht später ja nicht, uns mit dem Buch emotional zu erpressen, um ein fliegendes Weltraummobil oder so aus uns rauszuleiern. Übrigens hoffen wir, dass all dieses Gerede von Anwälten euch dazu inspiriert, später selbst mal Anwalt (oder Manager oder Arzt) zu werden. Denn wie schon die alten Römer sagten: »Faber est quisque fortunae suae«. Übersetzung: Werdet bloß nicht Künstler.

Inhalt

Einleitung

Wenn Sie eine frischgebackene Mutter sind, ist es jetzt wahrscheinlich gerade drei Uhr morgens und Ihre Brustwarzen bluten. Willkommen im Club!

Doch auch wenn Ihre Kinder schon älter sind oder Sie nur mit der Idee spielen, Mutter zu werden, haben Sie hoffentlich Spaß daran, uns durch die ersten achtzehn Monate der Mutterschaft zu begleiten. Aber bitte, erwarten Sie keine Pastellbilder und sanfte Geigenmusik, sondern das genaue Gegenteil. Niemand verrät einem vorher, dass man sich gelegentlich fragen wird: *»Worauf in aller Welt habe ich mich da eingelassen?«* – und sich einen Moment später schon wieder für den Gedanken schämt. Und noch mal fünf Minuten später ist alles wieder wunderbar, weil das Neugeborene zum ersten Mal lächelt. Na ja, eigentlich hat es nur ein Bäuerchen gemacht, aber in verzweifelten Situationen greift man dankbar nach jedem Strohhalm.

Wir haben uns künstlerische Freiheiten erlaubt – der Abschnitt über Oma etwa ist völlig an den Haaren herbeigezogen und hat mit der Wirklichkeit nicht das Geringste zu tun (hüstel) –, und die Drinks sind zwar köstlich, sollten aber natürlich in Maßen genossen werden. Sie sind jetzt Mama, Sie müssen jetzt die Verantwortungsvolle sein. Ihr tief ausgeschnittenes Paillettenkleid können Sie jedenfalls in den Altkleidersack stopfen, denn die Tage, an denen Sie mit dem Barkeeper flirteten, um Martinis spendiert zu bekommen, sind vorbei. Doch zum Trost sei Ihnen versichert, dass Mamasein der beste Job auf Erden ist. Ehrenwort. Wirklich. Klar, es wird auch Tage geben, an denen Sie alles hinschmeißen und sich Thelma-und-Louise-mäßig in den Abgrund stürzen wollen, aber aus diesen Tagen entstehen hinterher die lustigsten Geschichten. Also lachen Sie mit uns, trotz Babykotze auf Ihrer Schulter, und versuchen Sie, jeden Moment zu genießen.

Übrigens sind Sie höchstwahrscheinlich eine tolle Mama, auch wenn es sich nicht immer so anfühlt. Vermutlich schlagen Sie sich selbst an den Tagen grandios, an denen Sie das Gefühl haben, als Mutter total zu versagen. Jeder macht das durch. Und wenn die Kinder endlich eingeschlafen sind, haben Sie sich einen Drink verdient.

Nur Mut – und hoch die Tassen!

Schnuller-Skala

Im festen Griff der Stilldemenz wissen Mütter oft selbst nicht, was sie brauchen. Deshalb verdeutlichen wir mit der praktischen Schnuller-Skala, wie dringend man zu bestimmten Anlässen einen Cocktail braucht. Die Skala reicht von einem Schnuller (»Ach, ein Drink wäre jetzt nett«) bis fünf Schnuller (»Drink her, sonst drehe ich durch!«). **Achtung:** Die Skala zeigt nicht an, *wie viele* Drinks man braucht, sondern wie dringend man *einen* braucht. Mama ist schließlich kein Schluckspecht.

Die Skala

Möglicherweise ist ein Drink angezeigt. Oder Sie schlagen wild auf Sophie, die Giraffe, ein.

Ein Drink ist wahrscheinlich nötig, dazu Chips, Schokolade und ausgeleierte Jogginghosen.

Ein Drink muss her. Im derzeit am wenigsten dreckverkrusteten Glas servieren – notfalls auch in einer Nuckelflasche.

Wahrscheinlich ist gerade etwas Ekliges auf Ihnen gelandet. Sofort Drink zubereiten. Und mit einer heißen Dusche hinunterspülen.

Alarmstufe Rot! Code Johnnie Walker Red! Sofort den Cocktailshaker holen und eine Infusion setzen!

1 Baby-Party

Die Baby-Party ist eine schmerzhafte Übergangszeremonie, die zauberhaft mit rosa oder hellblauen Schleifen beginnt und schnell ins Peinliche abgleitet. Gebildete, wohlerzogene, erfolgreiche Frauen entblöden sich nicht, Babynahrung zu löffeln, zu schätzen, wie fett die Schwangere ist und geschmolzene Mars-Riegel in Windeln zu verschmieren, um … ach, lassen wir das. Die Mütter im Raum erzählen herzerfrischende Anekdoten von ihrer Niederkunft (»Mich hat es bis zum Arschloch aufgerissen!«), während die anwesenden Single-Frauen insgeheim darüber fluchen, dass es auf Baby-Partys keinen Alkohol gibt, und sich fest vornehmen, die Pille in Zukunft absolut regelmäßig einzunehmen. Aus irgendeinem Grund muss der Vater keine Baby-Partys erdulden – er geht zur Feier des Anlasses höchstens mit ein paar Kollegen einen trinken. Die werdende Mutter ist die Gelackmeierte. Und Sushi darf sie auch keines mehr essen! Sie freut sich zwar über die großzügigen Geschenke, würde sich aber einen Schwips wünschen wie bei ihrem Junggesellinnenabschied, um beim Auspacken der Brustwarzensalbe – »gegen rissige und blutige Nippel« – Begeisterung vortäuschen zu können.

Der Entbindungstermin

(ohne Alkohol)

Zutaten

90 g Datteln, entkernt
70 g Erdbeeren
25 cl Orangensaft
1 Banane
4 cl Ahornsirup

Zubereitung

Alle Zutaten mit Crushed Ice in einen Mixer geben und zu einer glatten Masse zerkleinern. Während der Vorwehen genießen.

So dringend benötigen Sie diesen Drink

2 Geburtsvorbereitungskurs

Mama war offenbar mit Folsäure vollgedröhnt, als sie beschloss, ihre letzten babyfreien Tage in einem Krankenhauskeller zu verbringen und Wehen zu simulieren. Der Kurs beginnt mit Übungen zum Kennenlernen. Mama weiß nicht recht, was unangenehmer ist: dein Fuß, der sich in ihre Blase bohrt, oder Papas »lustige« Kommentare. Doch alle dummen Witze verstummen, sobald das Video einer spontanen Geburt, aufgenommen 1977 auf Betamax, anläuft. Mama ahnt, dass Papa schon bereut, vor dem Kurs noch Eiersalat in der Krankenhauscafeteria gegessen zu haben. Sie weiß, wie recht sie hat, als sie sieht, wie sich seine Backen blähen und er anschließend heftig schluckt. Aber die Peinlichkeiten sind noch nicht vorbei. Die Dozentin legt sich auf den Boden, um Wehen vorzuspielen, verschlingt ihre Beine in einer locker sitzenden Blümchen-Hose brezenhaft über dem Kopf und singt dazu ein buddhistisches Mantra. Mama sollte eigentlich mitschreiben, was sie beim Einsetzen der Wehen zu tun hat, aber sie verdrängt diesen grässlichen Moment nach Kräften. Den Großteil der Kurszeit streitet sie sich mit Papa via WhatsApp über den Namen des Kindes. Rückblickend betrachtet ist der Geburtsvorbereitungskurs eine sensationelle Verschwendung von Zeit und Geld, da bei der Geburt ohnehin nichts nach Plan verläuft. Siehe nächster Eintrag.

Baby-Belly-ni

(ohne Alkohol)

Zutaten

15 cl alkoholfreier Apfelsekt
6 cl Pfirsichsaft
Spritzer Zitronensaft

Zubereitung

Champagnerflöte kalt stellen. Alle Zutaten einfüllen, umrühren und die letzten Tage der Freiheit genießen. Sie haben ja keine Ahnung …

Wie dringend Sie diesen Drink benötigen

3 Wehen

Nach zwei Jahrzehnten Übungswehen wird Mamas Schmerz-
toleranz jetzt auf die ultimative Probe gestellt. Der Schmerz-
Marathon beginnt, wenn die Fruchtblase platzt und sich ein
Schwall Ich-will-gar-nicht-wissen-was in Mamas Belly Button-
Umstandsleggings ergießt. Mama schreit: »Geht es jetzt wirklich los?«, als ob der gnadenlose Schmerz, der ihren ganzen
Körper erfasst, nicht Hinweis genug wäre. Leider vergisst Papa
in seiner Panik die brillante Methode zur Messung des Wehen-
abstands, die er sich von einem YouTube-Video abgeschaut
hat. Immerhin schafft er es, die ersten vier Posten auf Mamas
ellenlanger Krankenhaus-Liste in eine Plastiktüte zu werfen.
Dann stopft er sie samt ihrem Riesenbauch ins Auto. Nach fünf
Minuten im Krankenhaus ist Mamas Achtzehn-Punkte-Geburts-
plan (u. a. »kein Medizinstudent schaut mir auf die Vagina«,
»Enya läuft auf Endlosschleife«) schon über Bord gegangen,
ebenso wie ihr Mittagessen, ein Ziegenkäse-Champignon-Wrap.
Dem Rat ihrer Hebamme folgend, hat sie sich gegen Schmerzmittel* entschieden, weshalb Mama während der nächsten acht
Stunden wie am Spieß brüllt, zum Entsetzen des gesamten
B-Flügels. Irgendwann bettelt sie dann doch nach einer PDA,
doch Papa erinnert sie sanft daran, dass sie ihr Kind doch natürlich und pharmaziefrei zur Welt bringen wollten. Mama versucht, Papa mit bloßen Händen zu erwürgen. An das, was dann
kommt, hat sie keinerlei Erinnerung mehr – das hat Mutter
Natur gut eingerichtet, denn andernfalls würde keine Frau auf

---

* An alle Schwangeren: Spielt nicht die Heldinnen. Nehmt die verdammten
   Schmerzmittel!

dieser Welt ein zweites Kind wollen. Die Wahrheit lautet: Wenn Mütter sich genau und wahrheitsgetreu an das Reißen ihres Gewebes, das Auslaufen ihrer Körperflüssigkeiten und die grässlichen Schmerzen erinnern würden, würde unsere Spezies aussterben.

Der Wär-ich-nur-eine-Virgin-Mary
(ohne Alkohol)

Zutaten

12 cl Tomatensaft
3 cl Limettensaft
¼ TL Meerrettich
Tabascosauce nach Belieben
Worcestersauce nach Belieben
Prise Salz
Prise frisch gemahlener Pfeffer
Limettenscheibe

Zubereitung

Tomaten- und Limettensaft in ein Longdrink-Glas mit Crushed Ice füllen. Mit Meerrettich, Tabasco, Worcestersauce, Salz und Pfeffer würzen und umrühren. Mit Limettenscheibe garnieren.

Wie dringend Sie diesen Drink brauchen

4 Bloß nicht fallen lassen!

Jetzt bist du da. Mama hat sich den Augenblick irgendwie gewaltiger vorgestellt: Elegant gleitest du in diese Welt, während Elton John »Circle of Life« singt. Aber daraus wurde leider nichts. In Wirklichkeit war deine Geburt eine ganz miese Show. Trotzdem bist du perfekt und wundersamerweise unversehrt. Jetzt liegt es an Mama und Papa, dich nicht kaputt zu machen. Du wiegst weniger als Mamas Marc Jacobs-Tasche, und nachdem die Ärzte und Schwestern weitergezogen sind, schauen Mama und Papa sich lange an, beide völlig ahnungslos, was sie als Nächstes tun sollen. Die Schwestern kommen herein und versorgen dich derart routiniert und flott, dass Mama und Papa der kalte Schweiß ausbricht, aber dich scheint das alles nicht zu stören. Richtig gruselig wird es beim Verlassen des Krankenhauses. Mama fürchtet, dich fallen zu lassen, zu vergessen, dein Köpfchen zu halten, oder etwas zu sagen, das dich lebenslang traumatisiert, etwa: »Können wir das Baby hierlassen?« Mama und Papa brauchen eine Stunde, um dich in den Autositz zu schnallen, und eine weitere Stunde für die fünf Kilometer nach Hause.

Jetzt sind sie daheim. Allein. Verdammt! Zwanghaft waschen sie sich die Hände, fürchten aber, dass das Ebola-Virus zu stark für Sagrotan ist. Bei jedem Gurgeln, das du von dir gibst, glauben sie, du würdest ersticken, und innerhalb der ersten vierundzwanzig Stunden wählen sie zweimal den Notruf. Sie halten das schwarze Zeug, das unten aus dir rauskommt, für deine inneren Organe. Sie beobachten dich, während du schläfst, sie kontrollieren deine Atmung, sie halten dich sanft im Arm und beten zu Gott, dass sie es richtig machen. Oder zumindest nicht *total* falsch.

Espresso doppio

(ohne Alkohol)

Anmerkung

Kaufen Sie sich eine Espressomaschine. Sie werden sie nötig haben.

Wie dringend Sie diesen Drink brauchen

5 Das Kind beim Namen nennen

Einen Namen für dich zu finden gehörte zum Stressigsten an der ganzen Schwangerschaft. Schließlich ist dein Name dein Aushängeschild. Mama füllte ganze Notizbücher mit Vorschlägen und mailte Papa etwa 4.987 davon. Über welchen Namen würden sich ihre Freundinnen heimlich das Maul zerreißen? Welcher Name würde sich gut auf Wahlplakaten machen? Welcher Name klingt nach Stripperin? Welcher Name passt gut zu Papas Familienname? Au, noch so eine Falle. Mama findet es antiquiert, dass Babys automatisch den Nachnamen des Vaters bekommen. Sie hat schon an einen Doppelnamen gedacht, aber eigentlich findet sie Doppelnamen überkandidelt, solange man nicht zum britischen Königshaus gehört. Und eigentlich klingen sie auch bei den Royals überkandidelt. Als Mama diese Möglichkeit Papa gegenüber erwähnte – um vier Uhr morgens –, murmelte er nur etwas von »Schwangerschaftshormonen« und holte ihr Pommes mit Mayo. Woraufhin sie die ganze Sache vergaß. Papas Beitrag zur Namensfindung waren hilfreiche Kommentare wie: »Ich hatte mal was mit einer, die so hieß«. Doch Mama durchforstete sämtliche Namens-Webseiten, Geburtsregister, den Familienstammbaum und jedes lieferbare Namens-Buch, bis sie schließlich den perfekten Namen fand – den Oma und Opa übrigens hassen.

Die Geburtsanzeige

(ohne Alkohol)

Zutaten

4 cl Himbeersirup
15 cl alkoholfreier Apfelsekt

Zubereitung

Weinglas kühlen. Sirup und Crushed Ice in einem Mixer vermengen und ins Weinglas gießen. Mit Apfelsekt auffüllen und vorsichtig umrühren. Vergessen Sie mal Ihre engere Auswahl von 412 Namen, während Sie diesen Mocktail trinken, der mit ein bisschen Himbeerpüree noch köstlicher wird.

Wie dringend Sie diesen Drink brauchen

6 Stillen

Obwohl Mama und viele ihrer Altersgenossinnen mit Säuglingsmilchnahrung großgezogen wurden, wuchsen sie zu tüchtigen Erwachsenen heran. Dennoch beugte Mama sich dem sozialen Druck und beschloss, dich zu stillen. Die Studien darüber, dass Stillen (möglicherweise eventuell) die Entwicklung des Gehirns fördert, weckten ihr Interesse, doch ehrlich gesagt entschied sie sich dafür, weil sie die Vorstellung einfach unwiderstehlich fand, fünfhundert Kalorien zu verbrauchen, während sie sich die soundsovielte Folge von *How I met your Mother* reinzieht. Und das Ganze auch noch gratis! Mama hatte idyllische Agenturphotos aus den Krankenhausbroschüren vor Augen – putzige Babys, die an der Brust seliger Mütter liegen, doch dann musste sie entsetzt feststellen, dass Stillen sogar noch schmerzhafter sein kann als der Geburtsvorgang. Papa beobachtete unterdessen fasziniert, wie Mamas Brüste über Nacht auf Körbchengröße G anschwollen, als die Milch einschoss. Doch seine Begeisterung legte sich schnell, denn nach kurzer Zeit sahen Mamas Brustwarzen wie Hackfleisch aus, weil sie das Baby falsch angedockt hatte. Nach fünf Besuchen beim Stillberater erreichte Mama endlich den Punkt, an dem sich das Stillen nicht mehr anfühlte, als würden Tausende Nadeln in ihre Brust gepiekst. Wenn sie jetzt beobachtet, wie du dich an ihrer Brust in den Schlaf nuckelst, schwebt sie auf Wolke sieben. Obwohl sie es nie zugeben würde (denn sie schlägt immer noch Kapital aus ihrer Mastitis, indem sie sich massieren lässt und ausschlafen darf), findet Mama es ziemlich toll, dich zu stillen.

Ein Bier

Anmerkung

Es gibt zwar keinen empirischen Beweis dafür, doch es heißt, Bier fördere den Milcheinschuss.

Bier – Wissenschaft: 1 : 0

Wie dringend Sie diesen Drink brauchen

7 Das Babyzimmer

Mama und Papa hatten eine wunderbar elegante Wohnung mit tollen Designermöbeln – bevor du kamst. Im Lauf der Schwangerschaft kam Mama aber all ihr Stilgefühl abhanden, und plötzlich fing sie an, Gardinen mit Teddy-Muster zu kaufen. Diesen psychotischen Bruch im Geschmacksempfinden nennt man »Nestbautrieb«, was angesichts der Unzahl putzig-flauschiger Plüschvögel im ehemals minimalistischen Heim sehr gut passt. Anfangs schwebten Mama noch streng geometrische Schwarz-weiß-Muster vor, eine handgemachte Stoffpuppe aus Peru und ein fantastischer skandinavischer Lehnstuhl, den sie auf Pinterest fand. Doch dann geschah etwas Grässliches: Ein innerer Dämon zwang sie, die Wände in einem ekelerregenden Hellgrün zu streichen, widerlich zuckersüße ABC-Poster und ein Spieluhr-Mobile mit Safari-Thema aufzuhängen, dessen Melodie an den Soundtrack von *Nightmare – Mörderische Träume* erinnert. Endgültig begraben musste sie ihre Träume von einer Fotostrecke deines Babyzimmers in der *Schöner Wohnen*, als sie erfuhr, was eine echte Oeuf-Wiege kostet. Mit dem gesparten Geld fuhr sie erst zu IKEA und ließ anschließend im Baby-Fachgeschäft die Sau raus. Die 22-jährige Sprechstundenhilfe der Frauenarztpraxis – offenkundig eine Expertin auf diesem Feld – hatte extra betont, wie wichtig es ist, Babyzimmern ein durchgehendes Thema zu geben. Das Thema deines Zimmers lautet: Mama gibt auf.

Tequila Mockingbird

Zutaten

3 cl Tequila
9 cl Sprite
Spritzer Cranberrysaft

Zubereitung

Eis in ein Cocktailglas geben. Alle Zutaten eingießen und umrühren.
Darauf achten, gaaaanz langsam zu trinken.

Wie dringend Sie diesen Drink brauchen

8 Neun Monate kein Alkohol

Mama hat nachgerechnet und ermittelt, dass du gezeugt wurdest, nachdem sie zusammen mit Papa auf nüchternen Magen eine Flasche Rotwein geleert hatte. Angesichts des Kopfwehs am nächsten Tag schwor sie sich, es in Zukunft mit dem Alkohol langsamer angehen zu lassen – nicht ahnend, dass dieser magisch beschwipste Abend ihr letztes Hurra für neun Monate gewesen sein sollte. Seit sie von ihrer Schwangerschaft wusste, trank sie gar nichts mehr – außerdem verzichtete sie auf Rohmilchkäse, Diet Coke, Kaffee, Sushi und ganz generell auf alles, was Spaß macht. Sie wusste zwar, dass die Frauen in Frankreich auch während der Schwangerschaft (in Maßen) weiter genießen, aber Mama hatte das Gefühl, den vernichtenden Blicken ihres Umfelds einfach nicht standhalten zu können, wenn sie sich während der Schwangerschaft eine Tasse Kaffee gönnte. Und da – gerade im Internet – die widersprüchlichsten Informationen darüber kursieren, was während einer Schwangerschaft alles Schaden anrichtet und was in Ordnung ist, beschloss Mama, gleich auf Nummer sicher zu gehen– vorsichtig ausgedrückt. Regelmäßig rief sie beim Sicherheitsdienst ihres Bürohauses an, wenn draußen Raucher standen, sie wusch sich alle fünf Minuten die Hände, warf Schwangerschaftsvitamine ein wie ein Junkie seinen Stoff und aß lachhafte Mengen gedämpften Grünkohls. Mama war jetzt auf jeder Party die langweiligste Person, und entsprechend ging die Zahl der Einladungen während der Schwangerschaft stark zurück. Ihr passte das ganz gut. Angesichts von Morgenübelkeit (die bei ihr den ganzen Tag anhielt), extremer Müdigkeit und einer Garderobe unvorzeigbarer Umstandskleider gab sie selbst lieben Freunden gerne einen Korb. Was aber nicht bedeutete, dass sie an diesen Abenden daheim brav über ihrem Grünkohl saß: Stattdessen waren Burger-Fressorgien angesagt. Kein Wunder, dass die Frauenärztin ihr nach dem Wiegen riet, »beim Essen mal bisschen langsamer zu machen«. Leider erreichte sie mit diesem Rat genau das Gegenteil, weil Mama den Frust über ihre Pfunde in einer Oreo-Orgie erstickte.

Cabernet Franc

Anmerkung

Nun, da Sie hin und wieder mal etwas trinken dürfen, genießen Sie ein herrliches Glas Wein, kombiniert mit einem wunderbar stinkigen Rohmilchkäse. *Vive la France!*

Wie dringend Sie diesen Drink brauchen

9 Besuch

Mama sind eben erst die Innereien zerfetzt worden, anschließend wurde ihre Welt auf den Kopf gestellt, und in der letzten Woche hat sie insgesamt siebzehn Minuten geschlafen. Was sie jetzt am wenigsten braucht auf dieser Welt – abgesehen von einer zweiten Schwangerschaft –, ist eine endlose Prozession von Freunden, Nachbarn und Cousins dritten Grades, die glauben, ihr mit ihrem Besuch einen Gefallen zu tun. Mit schmutzigen Fingern und einer mangelhaften Genick-Stütztechnik grabschen sie an dir herum, dass Mama das kalte Grausen kommt. Zu allem Überfluss muss Mama auch noch als Fotografin herhalten, zahllose Fotos schießen und diese hinterher zwanzig Minuten lang am iPhone nachbearbeiten. Papa bemüht sich nach Kräften, die Gäste zu bewirten: »Bier für alle!« Dabei wünscht Mama sich nur eines: ins Bett zu kriechen und erst wieder aufzustehen, wenn du lesen kannst. Stattdessen muss sie sich anhören, wie eine gute (Single-)Freundin lang und breit von einer Ausstellung minimalistischer Kunst schwärmt. Fieberhaft sucht Mama nach Ausreden, um die Gäste rauszuwerfen, bevor sie auch noch Verköstigung erwarten. Doch das klappt nicht, und plötzlich schreien alle nach Nahrung – du eingeschlossen. Und so versucht Mama, dich an ihre schmerzhaft angeschwollene Brust zu docken, während sie in der Küche steht und Panini toastet. Himmel, verschwendet hier vielleicht mal ein Mensch einen Gedanken daran, warum es Mutter*schutz* heißt?

Herzlich willkommen

Zutaten

15 cl alkoholfreier Apfelsekt
2 cl Bourbon
2 cl Apfellikör
1 Zimtstange

Zubereitung

Den Apfelsekt in einem Topf erhitzen und in eine Tasse schütten. Bourbon und Apfellikör dazugeben und umrühren. Mit der Zimtstange garnieren. Bloß nicht den Gästen servieren, sonst gehen die gar nicht mehr.

Wie dringend Sie diesen Drink brauchen

10   Babykino

Nach wochenlangem Hausarrest wagt Mama sich wieder ins strahlende Licht der Öffentlichkeit und geht mit dir ins Kino – Vormittagsvorstellung für Eltern und Babys. Mama hat sich zu Hause derart gelangweilt, dass sie sich alles ansehen würde, selbst einen Film mit Anne Hathaway. Ein kaputter Aufzug zwingt Mama, deinen Monsterkinderwagen eine zermürbende halbe Stunde durch das M. C. Escher-mäßige Treppenhaus der Parkgarage zu bugsieren. Mit zehn Minuten Verspätung schafft ihr es in den Kinosaal, wo sich Mama einen Rieseneimer buttrigen Popcorns gönnt, der den Gewichtsverlust nach der Entbindung auf einen Schlag wieder ausgleicht. Mama hat nicht nur den Anfang des Films verpasst, sondern bekommt auch jetzt nichts mit, weil um sie herum zahllose Babys in Dolby Surround brüllen, nicht zuletzt du. Den Rest des 102-minütigen Films läuft Mama mit dir den Seitengang auf und ab, um dich endlich zu beruhigen. Leider schläfst du genau in dem Augenblick ein, als im Film völlig unerwartet eine Bombe explodiert. Du wachst schreiend auf, und in deiner Windel geht ebenfalls eine Bombe hoch, woraufhin Mama sich in die Schlange vor dem einzigen Wickeltisch einreiht, auf dem schon 312 fiese Bakterienstämme auf dich warten. Na toll! Im harschen Neonlicht der Toilette sieht Mama, dass du sie tatsächlich angekackt hast. Mama weiß gar nicht mehr, mit wem sie am meisten Mitleid haben soll: mit sich selbst, mit den Teenagern, die nicht wussten, dass sie in einer Babykino-Vorstellung landen würden und das Leben eh schon hassen, oder mit dem einen verlorenen Vater, der sich von freiliegenden, angeschwollenen Nippeln umzingelt sieht. Und Abspann.

Der Horrorfilm

Zutaten

3 cl Tequila
4 cl Orangensaft
4 cl Grapefruitsaft
4 cl Cranberrysaft

Zubereitung

Eis in ein Cocktailglas geben, die Zutaten eingießen und umrühren.

Hinweis

Passt gut zu Popcorn aus der Mikrowelle und einem Film aus Ihrer verstaubten DVD-Sammlung.

Wie dringend Sie diesen Drink brauchen

11 Die Babyschale

Fünf Jahre lang belegten die ausgemusterten Kindersitze deines Cousins wertvollen Platz in der Besenkammer, und jetzt erfährt Mama, dass diese Teile ein Verfallsdatum haben. Im Ernst? Papas rostiger Corolla gibt beim nächsten Frost vermutlich den Geist auf, aber ausgerechnet die kaum benutzte Babyschale muss weggeworfen werden? Also wieder gute hundert Euro für ein Teil ausgeben, aus dem du in wenigen Monaten herausgewachsen sein wirst. Wenigstens fahren alle Babys gern Auto und schlafen dabei sofort ein – alle außer dir, warum auch immer. Du brüllst die ganze Fahrt, als würde im Fond des Wagens gerade *Saw 4* gedreht. Nicht mal Mamas Madonna Megamix kann dich beruhigen. Wohlweislich hält Mama die Autoscheiben geschlossen, doch die anderen Verkehrsteilnehmer sehen dein verheultes Gesicht und schauen Mama böse an. Leider ist die Fahrt aber unerlässlich, wie soll Mama sonst zu ihrer Müttergruppe kommen, die Mama einen weiteren guten Grund für einen Drink liefert?

Allzeit gute Fahrt!
(ohne Alkohol)

Zutaten

6 cl Birnensaft
6 cl Apfelsaft
Spritzer Zitronensaft
Salbeiblatt

Zubereitung

Die Säfte mit Eis in einen Shaker geben. Gut schütteln und in ein eis-gefülltes Glas abseihen. Mit dem Salbeiblatt garnieren.

Wie dringend Sie diesen Drink brauchen

12 Müttergruppe

Während der Elternzeit bewegt sich Mama sozial auf unbekanntem Terrain, in einer sogenannten Müttergruppe. Man trifft sich mit den Müttern aus dem Geburtsvorbereitungskurs, immer bei einer von ihnen zuhause. Mit den meisten Frauen dort würde Mama sonst nie verkehren, doch alle ihre echten Freundinnen arbeiten, und Mama ist verzweifelt. Während die Babys in ihren Schalen schlafen oder an Brüsten nuckeln, kotzen sich die versammelten Mamas über Stillprobleme, Schlafentzug und nutzlose Ehemänner aus. Mama vergisst chronisch ihr schickes Stilltuch, weshalb sie regelmäßig gezwungen ist, Janet Jackson-mäßig ihren Busen freizulegen, um dein hungriges Kreischen zu beenden, ehe es Norah Jones übertönt. Auf diesen Treffen herrscht ein merkwürdiges Konkurrenzdenken. Diese Frauen geben mit der überdurchschnittlichen Verdauung ihrer acht Wochen alten Babys an oder den Tiffany-Klunkern, die sie vom Kindsvater zur Geburt verehrt bekamen. Die meisten Gastgeberinnen betrachten es als Ehrensache, sämtliche Kuchen selbst zu backen – was zum Problem wird, als Mama Gastgeberin ist, denn sie weiß nicht mal, wo man ihren Backofen einschaltet. Sie beschließt, einen Riesenhaufen glutenfreier Muffins im Naturkostladen zu kaufen und alle Beweise für diesen Betrug zu vernichten. Es kostet Mama enorm viel Kraft, Interesse für Erziehungsstile (»mein Ben darf sich selbst verwirklichen«) und Au-pair-Probleme anderer Mütter (»Swetlana hat zwar einen Doktor in Amerikanistik, aber ob Mia nicht doch ihren Akzent übernimmt?«) zu heucheln. Aber die Alternative lautet Einsamkeit und Nutella aus dem Glas auf dem Sofa essen, weshalb Mama sich selbst damit überrascht, dass sie die Minuten bis zum nächsten Treffen zählt.

Stepford-Schorle

Zutaten
Zu gleichen Teilen Wein aus dem Karton und Perrier

Zubereitung
Eis in ein Glas geben, Wein und Perrier eingießen, umrühren.

Wie dringend Sie diesen Drink brauchen

13 Mama darf nicht mehr *so richtig* trinken

Früher liebte Mama wilde Partys. In knappes Kunstleder ge-
hüllt, tanzte sie auf dem Tresen. An einem legendären Abend
etwa erwischte sie zu viele Ein-Euro-Amaretto Sours, woraufhin sie den ganzen Apfelkuchen vom Tisch irgendeines Typen
wegaß. Früher wachte Mama an Samstagen und Sonntagen
gegen Mittag auf, mit trockenem Mund und benebeltem Hirn,
und musste den vergangenen Abend anhand von Fotos auf Facebook und dem »Gesendet«-Ordner ihres Handys rekonstruie-
ren, der ihr verriet, welche betrunkenen Textnachrichten sie
welchem Ex-Freund geschickt hatte. Um zwei Uhr nachmittags
traf sie sich dann mit ihren Freundinnen zum Brunch, um zu
besprechen, wer mit welchem Türsteher rumgeknutscht hatte.
Wenn Mama heute mehr als ein Glas Wein trinkt, büßt sie
dafür um zwei, vier und sechs Uhr früh, wenn du brüllend aufwachst und sie abgepumpte Milch aus dem Eisfach holen und
auftauen muss. Früher hatte sie nur Wodka und eine Schlaf-
maske im Eisfach. Vorbei, vorbei ...

Achtzehn Jahre alter Glenlivet

Zutaten

3 cl, ohne Eis servieren. Wenn man nur ganz wenig trinken darf, dann soll es wenigstens etwas Gescheites sein.

Wie dringend Sie diesen Drink brauchen

14 Spa-Tag

Zu Mamas Geburtstag schenkt Papa ihr einen Spa-Besuch, in der Hoffnung, damit drei Monate geistiger, körperlicher und seelischer Erschöpfung verschwinden zu lassen. Früher funktionierte das immer, doch Mamas erster Spa-Besuch nach deiner Geburt verläuft nicht ganz nach Plan. Am Anfang glaubt die Masseurin irrigerweise, Mama würde in ihrer ersten babyfreien Stunde seit Monaten am liebsten von den Qualen der Geburt reden, dabei möchte sie doch in Wirklichkeit nur still von Matt Damon träumen. Die Prozedur der verjüngenden Gesichtspackung wird untermalt von Panflöten, Windspielen und Ermahnungen der Kosmetikerin (die aussieht wie zwölf), dass ihr Schlafmangel gaaaanz schlecht für ihre Augenpartie sei. Anschließend kommt Mama im Ruheraum gar nicht erst dazu, genüsslich eine Klatschzeitschrift aufzuschlagen, da ruft Papa schon an, weil du seit fünfundvierzig Minuten unablässig schreist und die Flasche verweigerst. Mama stürzt zur Kasse, wo sie sich in ihrer postpartal getrübten Urteilsfähigkeit für sechzig Euro eine Antischwerkraft-Creme aus Frankreich andrehen lässt, die sie im Jahr 2020 abgelaufen in einer Badezimmerschublade wiederfinden wird. Während sie wie eine Bekloppte durch die Stadt rast, tropft Milch aus Mamas Brustwarzen auf das Lenkrad. Ommmmmmmm, ich bin entspannt, ich bin die Gelassenheit selbst.

Zen-Cocktail

Zutaten

1,5 cl Grünteelikör
1,5 cl Melonenlikör
9 cl Mangosaft
6 cl Sahne
Minzblätter
frisch gemahlene Muskatnuss

Zubereitung

Grünteelikör, Melonenlikör, Mangosaft und Sahne mit Eis in einen Shaker geben. Gut schütteln und in eine Champagnerflöte abseihen. Mit Minze und Muskatnuss garnieren und den Atem anhalten – etwa achtzehn Jahre lang.

Wie dringend Sie diesen Drink brauchen

15 Tragemethoden

Noch hitziger als die verschiedenen Gesundheitsreformen wird eigentlich nur eine Frage diskutiert, nämlich welche der 563 Tragemethoden für Babys die richtige ist. Obwohl Mama sich mehrmals anhand von Puppen zeigen ließ, wie die Tragesysteme anzulegen sind, schafft sie es nicht, sich auch nur eines der drei Modelle, die sie im hormonell induzierten Shoppingwahn während des dritten Trimesters gekauft hat, korrekt umzubinden. Da gibt es dieses geniale Teil mit zwölf Schnallen, sechs Justierbändern und einer vierzig Seiten langen Bedienungsanleitung. Ferner erstand Mama das sechzig Zentimeter breite, fünf Meter lange Bio-Baumwolltuch, das »ganz einfach anzulegen« sei, wie das Internet versicherte – und mit dem Mama sich beinahe erwürgt hätte. Und schließlich kam sie nicht an dem ergonomisch geformten Rucksack vorbei, der sich als schwieriger zusammenzusetzen erwies als ein EXPEDIT-Regal von IKEA. Mama musste sich nach deiner Geburt auf YouTube die »idiotensichere« Montageanleitung ansehen, aber selbst die überforderte ihr vom Schlafmangel angegriffenes Gehirn. Nachdem Mama dich drei Monate lang jede wache Sekunde im Arm getragen hat, landet sie schließlich mit einer geborgten Trageschlinge einen Volltreffer. Mama sieht mit dieser Schlinge, deren Design ein wilder Mix aus Joseph's Amazing Technicolor Dreamcoat und der Badezimmertapete von Großtante Hilde ist, zwar ziemlich beknackt aus, aber wenigstens hat sie jetzt zwei Hände frei, um sich Sandwiches zu machen.

Singapur-Schlinge

Zutaten

1,5 cl Grenadine
3 cl Gin
6 cl Sweet & Sour Mix
6 cl kaltes Sodawasser
1,5 cl Kirschbrandy
Cocktailkirsche

Zubereitung

Grenadine in ein Glas gießen und Eis darüberschütten. Gin, Sweet & Sour Mix und Soda dazugeben. Obenauf den Kirschbrandy. Rühren und mit einer Cocktailkirsche garnieren.

Wie dringend Sie diesen Drink brauchen

16 Adieu, Schwangeren-Bonus

Klar, es gibt viel, was Mama an der Schwangerschaft überhaupt nicht vermisst: Sodbrennen, geschwollene Fußgelenke und drei Monate über der Toilettenschüssel. Aber schwanger zu sein hatte auch seine Vorteile. Von den zwanzig Extra-Kilo in der Körpermitte einmal abgesehen, sah Mama aus wie ein Unterwäsche-Model: Körbchengröße E, volles, glänzendes Haar und ein hormonbedingtes Strahlen von innen heraus. Dank »Schwangerschaftsdemenz« konnte sie ungestraft den Geburtstag einer guten Freundin vergessen oder in einer wichtigen Besprechung etwas Dummes sagen. Aber jetzt, wo du auf der Welt bist, gehört Mama wieder zu den Normalsterblichen. Sie wandelt nicht mehr über das Wasser, und das findet sie nur schwer zu ertragen. Wo sind all die freundlichen Fremden geblieben, die ihr während der Schwangerschaft so gern behilflich waren? Warum hält ihr niemand die Tür auf, wenn sie versucht, deinen Monster-Kinderwagen durch den Eingang des Coffeshops zu bugsieren, ohne sich dabei ihren heißen Cappuccino to go über die Hose zu gießen? Keinen Menschen interessiert, ob du ein Junge oder ein Mädchen bist – alle wollen nur wissen, was Mama dir angetan hat, dass du derartig laut brüllst. Kürzlich erwischte sich Mama sogar dabei, dass sie sich wünschte, es würde ihr wieder einmal jemand unaufgefordert über den Bauch streicheln – etwas das sie während der Schwangerschaft angewidert zurückzucken ließ. Jetzt hat sie nur noch deine dreckigen Windeln.

Schwanger im Glas

(ohne Alkohol)

Zutaten

15 cl Cranberrysaft
3 cl Sodawasser
Cocktailkirsche

Zubereitung

Eis in ein hohes Glas füllen. Cranberrysaft und Sodawasser eingießen und umrühren. Mit einer Cocktailkirsche schwängern.

Anmerkung

Schwangerschafts-Leggins wieder rausholen, einen Basketball unter den Pullover schieben und diesen Mocktail trinken, um die gute alte Zeit wieder aufleben zu lassen.

Wie dringend Sie diesen Drink brauchen

17 Immer im Dienst

Mama geht es dreckig. Sie möchte nur noch die Vorhänge zuziehen, unter die Bettdecke kriechen und sterben. Bevor du da warst, rief sie in solchen Fällen einfach in der Firma an, meldete sich krank – und wurde trotzdem bezahlt. Aber während der Elternzeit hat Mama keine Minute frei, auch wenn sie sich fühlt, als wäre sie von einem Lastwagen überrollt worden. Von ganzen freien *Tagen* wagt sie gar nicht zu träumen. Sie bräuchte unbedingt zwanzig Minuten Schlaf, doch daran ist nicht zu denken, weil du gerade zahnst, Verstopfung hast oder einfach weil du gerade ein Arsch bist. Mit kaltem Schweiß auf der Stirn greift sie nach dem Cocktail, der ihr bei Erkältungen immer hilft: KopfwehtabletteHustensaftNasenspray. WARNUNG: Stillende Mütter sind am Arsch, denn Medikamente können in die Muttermilch gelangen. NEIIIIIIIN! Mama fantasiert schon davon, sich Linderung zu verschaffen, indem sie Badesalz schnupft. Wenigstens bekommt sie ein bisschen Ruhe, wenn du dein morgendliches Schläfchen hältst. Ach, das fällt heute aus? Na toll. Das muss die Strafe dafür sein, dass sie sich nicht der kostenlosen Grippeimpfung für Schwangere unterzogen hat, als sie die Chance hatte.

Ein Gläschen Jägermeister

Anmerkung

Gilt in mehreren Ländern Europas als Medizin und schmeckt auf jeden Fall besser als lauwarmes Bier, ein weiteres Hausmittel gegen Erkältungen.

Wie dringend Sie diesen Drink brauchen

18 Sex

Früher hatte Mama sehr gern Sex mit Papa. Wenn du später einmal fragst, wo denn die kleinen Babys herkommen, könnte sie versucht sein, wahrheitsgemäß zu antworten: von scharfer Unterwäsche, einem Remix von Marvin Gayes »Sexual Healing« und einer Flasche Rotwein. Zu Anfang der Schwangerschaft war sie auch immer noch begeistert dabei, dank sprudelnder Hormone und üppigem Vorbau. Aber jetzt – ACHTUNG, KLISCHEE! –, da sie Mama ist, findet praktisch kein Sexleben mehr statt. Ängstlich blickt sie auf ihre Track My Sex Life-App, wenn ihr klar wird, dass sie Papa seit Wochen nicht mehr rangelassen hat und er allmählich unruhig wird. Denn obwohl es bei ihr unten aussieht wie bei Picassos *Femme en pleurs*, ist er immer noch scharf drauf. Vielleicht wegen Mamas Pornostar-Titten. Aber wenn Papa Mamas Brüste zu berühren versucht, nachdem du den ganzen Tag auf ihnen rumgekaut hast, dreht sie durch. Allerdings nicht vor Leidenschaft, sondern vor Schmerz. Außerdem hat Mama ihren Damenrasierer seit drei Wochen nicht mehr benutzt, und ihr letztes Intimzonen-Waxing fand kurz vor deiner Geburt statt.

Orgasmus

Zutaten

1 cl Amaretto
1 cl Kaffeelikör
1 cl Irish Cream

Zubereitung

Alle Zutaten mit Eis in einen Shaker geben. Gut schütteln und in ein Schnapsglas abseihen. Einen zweiten für den Partner machen und gleichzeitig genießen. Ganz wie in alten Zeiten!

Wie dringend Sie diesen Drink brauchen

19 Schlafentzug

Einige Frauen in der Müttergruppe klagen darüber, dass ihre Babys nicht die ganze Nacht durchschlafen. »Mein Ben schläft zwölf Stunden, aber mitten in der Nacht wacht er regelmäßig einmal auf! Wir brauchen wohl ein zweites Au-pair-Mädchen.« Was. Zur. Hölle? Du schläfst nicht nur nicht durch, du wachst *alle zwei Stunden* auf. Statt Schlaf gibt es für Mama nur noch Koffein und Kohlehydrate. Eigentlich wollte sie ja Geld für dein Studium sparen, doch momentan legt sie es eher in extragroße Cappuccinos und handgemachte Frischkäse-Scones an (macht zusammen acht Euro). Du wirst wohl eine Friseurlehre machen müssen. Und als wäre all das nicht schlimm genug, hast du Mama gestern vollgekotzt, direkt auf ihren ausgeleierten Still-BH, als sie gerade verzweifelt versuchte, dich in den Schlaf zu wiegen. Sie war zu kaputt, um die Sauerei wegzumachen, und so verbrachte sie die Nacht in fremder Kotze. Da stiegen Erinnerungen in ihr auf, an eine wilde Party an einem mexikanischen Strand – allerdings blieb sie damals freiwillig die ganze Nacht auf. (Und es war super)

Mexikanischer Kaffee

Zutaten

15 cl heißer Kaffee
3 cl Kaffeelikör
1,5 cl Tequila

Zubereitung

Kaffee in eine Tasse gießen, Likör und Tequila dazugeben und umrühren. Genießen Sie den dringend benötigten Koffeinschub, heiß und
leidenschaftlich wie jene Nacht am Strand mit Ernesto. Oder war's
Todd? Egal. Urlaubsflirts zählen nicht.

Wie dringend Sie diesen Drink brauchen

20 Besuch im Büro

Höchste Zeit, dass Mama mal an ihrem Arbeitsplatz vorbei-
schaut und den Kollegen das Baby zeigt. Sorgfältig hat sie den
Ausflug um deine Mahlzeiten herum geplant, damit sie später
nicht vor dem Chef die Brust rausholen muss, denn mit dem
schicken Stilltuch kann sie immer noch nicht richtig umgehen.
Wenn man den E-Mails glauben darf, können die Kollegen es
kaum erwarten, dich zu treffen. Dabei weiß Mama, dass eigentlich doch jeder nur sehen will, ob ihre Figur sich wieder erholt
hat. Da Mamas Businesskleidung ihr nicht mehr passt, musste
sie gestern noch schnell zu Banana Republic und ein reduzier-
tes Polyesterkleid kaufen, das sie nie wieder anziehen wird. Danach grub sie ihr Schminkset aus und probte vor dem Spiegel
einen interessierten Gesichtsausdruck. Den wird sie brauchen,
wenn die Kollegen ihr den neuesten Büroklatsch erzählen, während sie insgeheim von der nächsten Folge von *Downton Abbey*
träumt. Während du von einem Kollegen zum nächsten gereicht wirst, wird Mama nur daran denken können, dass Com-
puter-Tastaturen fünfmal stärker mit Bakterien belastet sind
als Toilettensitze. Ansonsten hofft sie inständig, dass du nicht
brüllst – außer wenn der Langweiler aus der Buchhaltung sie
endlos vollquatscht.

Sieben Tage Wochenende

Zutaten

1,5 cl Ananas-Rum
1,5 cl weißer Rum
18 cl Sprite

Zubereitung

Eis in ein vorgekühltes Cocktailglas füllen. Die Zutaten eingießen
und umrühren. Genießen Sie diesen Drink zur Feier des Umstands,
dass Sie rund um die Uhr im Schlafanzug rumlaufen dürfen.

Wie dringend Sie diesen Drink brauchen

21 Haarausfall

Während der Schwangerschaft lebte Mama quasi in einem Shampoo-Werbespot, mit ihrer langen, wallenden Lockenpracht. Aus irgendeinem wunderbaren Grund entschädigt die Natur Schwangere für schwellende Knöchel und Bäuche mit dichtem, glänzendem Haar. Ein Rapunzel-Erlebnis. Doch jetzt sieht der Duschabfluss aus wie ein Rattennest. Überall findet Mama ihre Haare: auf der Kleidung, auf dem Sofa – und ihre Bürste sieht aus, als hätte sich ein Hamster darin verfangen. Heute fand sie ein Haar um deinen kleinen Finger gewickelt, wo es den Blutzufluss abschnürte. Wie es aussieht verliert Mama jetzt bis zu fünfhundert Haare täglich. Sie fühlt sich wie G. I. Janes schwabbelige postpartale Schwester. Erinnern Sie sich noch, als Sinead O'Connor ihr Haar abrasierte, auf *Saturday Night Live* durchdrehte und am Ende ein Bild des Papstes zerriss? Haarmangel kann Frauen in den Wahnsinn treiben. Vielleicht sollte Mama mal zu einem Edelcoiffeur gehen und sich einen neuen Look verpassen lassen? Freizeit genug hat sie ja.

HA HA HA HA HA. Mama bleibt nur die Wahl, sich die Haare selbst abzusäbeln oder eine Packung Haargummis zu kaufen. Nach außen gibt Mama sich tapfer, aber in ihrem Inneren fallen ihre Tränen genauso schnell wie jedes ihrer schmerzlich vermissten Haare.

Haar in der Suppe

Zutaten

5 cl Gin
Spritzer Zitronensaft
Spritzer Tabascosauce
Chilischote

Zubereitung

Alle Zutaten mit Eis in einen Shaker geben. Gut schütteln, in ein Glas abseihen und mit einer Chilischote garnieren. Einen tollen Hut aufsetzen und genießen.

Wie dringend Sie diesen Drink brauchen

22 Die Schwiegereltern

Wenn Mamas Eltern etwas machen, das sie auf die Palme bringt, kann sie sich wenigstens bei Papa auskotzen und sicher sein, dass er immer auf ihrer Seite steht. Doch bei Papas Eltern sieht die Sache anders aus. Mama fühlt sich verpflichtet, die perfekte Mutter, liebende Gattin und tüchtige Hausfrau zu spielen – und natürlich die vollkommene Gastgeberin. Das wäre schon unter idealen Umständen anstrengend, wird aber mit Schlafmangel und Hormoneinwirkung praktisch unmöglich. Insbesondere, wenn Oma ungefragt zu allem ihren Senf gibt. Mama freut sich zwar, dass der Backofen endlich mal verwendet wird, sehnt sich aber danach, Papa mal wieder anzuschnauzen, sich in Ruhe ein paar Episoden *Homeland* reinzuziehen und dich aus dem flauschigen Teddy-Overall zu schälen, den du tragen musst, weil Oma überzeugt ist, dass du dich sonst erkältest. Im Juli. Opa vermeidet derweil Blickkontakt, seit er versehentlich ins Zimmer kam, als Mama dich stillte. Manchmal erwischt Mama sich bei dem Gedanken, wie viel einfacher ihr Leben wäre, wenn Papas Eltern auf einer entlegenen Insel vor der Küste Australiens lebten. Aber als du dich zum ersten Mal auf den Bauch drehst, möchte Mama ihnen dieses Wunder sofort per Skype zeigen. Wenn sie doch das Internet nutzen könnten!

Friedensstifter

Zutaten

3 cl Schlehenlikör
3 cl Zitronensaft
Spritzer Grenadine
Sodawasser

Zubereitung

Cocktailglas kalt stellen. Likör und Zitronensaft hineingießen. Grenadine darüber und mit Sodawasser auffüllen. Mit einem Olivenzweig garnieren.

Wie dringend Sie diesen Drink brauchen

🍼🍼🍼🍼

23 Promi-Mütter

Angelina Jolie. Natalie Portman. Beyoncé. Es scheint, als könnte ganz Hollywood Babys rausploppen lassen und schon am nächsten Tag wieder halbverhungert aussehen. Mariah Carey schiss Zwillinge und machte acht Minuten später schon wieder Nacktfotos für eine Weight Watchers-Kampagne. Mama wünscht sich, endlich aus ihrer GAP-Umstandsjeans zu kommen, aber leider kann sie sich weder einen persönlichen Fitnesstrainer noch Heroin leisten, was ja beides gut für die Figur sein soll. Mamas wichtigster Internet-Quelle zufolge (*people.com*) lautet das Geheimnis der Promi-Mütter zum Abspecken nach der Geburt: »den ganzen Tag ein Baby herumtragen«. Aber Mama weiß, dass das in Wirklichkeit ein Euphemismus für »sich über die Kloschüssel hängen« ist, denn welcher Promi, bitte, hat keine Nanny für sein Neugeborenes? Außerdem trägt Mama dich tatsächlich den ganzen Tag herum, und bisher hat es ihr lediglich einen Bandscheibenvorfall gebracht. Mama gesteht zwar, ihr gefällt, dass ihr Vorbau momentan aussieht, als wäre er von einem Promi-Schönheitschirurgen gemacht worden, aber manchmal wünscht sie sich auch, so schick ausgemergelt auszusehen wie *Too-**Posh**-to-push*-**Spice**.

Roter-Teppich-Fizz

Zutaten

9 cl Moët Rosé
1,5 cl Grand Marnier
1,5 cl Limettensaft
6 cl Orangensaft

Zubereitung

Eis in eine vorgekühlte Champagnerflöte geben. Alle Zutaten eingießen und vorsichtig umrühren. Jeden kalorienträchtigen Schluck
genießen – im Gegensatz zu echten Promis, die allein von Luft und
ihrer unersättlichen Gier nach Aufmerksamkeit leben.

Wie dringend Sie diesen Drink brauchen

24 Promi-Babys

Mama könnte nicht nur an den koksdürren Promi-Müttern verzweifeln, sondern auch an ihren kleinen Scheißern. Wie glamourös die aussehen, auf den Armen ihrer Kindermädchen und von Kopf bis Fuß in Burberry Baby gewandet! Wie sollst du in deinen H&M-Bodys mit den Beckham-Kids dieser Welt mithalten? Mama tröstet sich damit, dass diese mit silbernen Tiffany-Löffeln im Mund geborenen Babys die beknacktesten Namen der Welt haben (Junge, wir haben dich nach einem IKEA-Schrank benannt) und ihren persönlichen Karrierehöhepunkt 2037 in der Dokusoap *Meine Mutter war ein Promi und jetzt bin ich auf Entzug* erleben werden. Übrigens liegt Mama dieses Jahr schwer im Trend, schließlich ist ein Baby der Zeitschrift *InStyle* zufolge »das heißeste Accessoire der Saison«. Aber manchmal wünscht sie sich eben im Stillen auch eine Birkin-Tasche für dein Wickelzeug.

Der Promi-tini

Zutaten

3 cl weißer Rum
3 cl Kokoslikör
9 cl Guavensaft
Spritzer Grenadine

Zubereitung

Eis in ein Glas geben. Die Zutaten hineingießen und sanft umrühren.
Zu einer People-Ausgabe von 2012 genießen, die Sie ganz hinten in
einer Schublade gefunden haben. Was, Cruise und Holmes haben
sich getrennt? Neiiiiiin!

Wie dringend Sie diesen Drink brauchen

25 Film-Geburten

Während Mama dich um drei Uhr morgens vor dem Fernseher stillt, fällt ihr auf, dass jede Geburtsszene in jedem Film, der je gemacht wurde, totaler Mist ist. In Wirklichkeit dauern die Wehen gefühlte acht Jahre, aber auf der Leinwand rasen die Helden hektisch ins Krankenhaus und schaffen es gerade noch rechtzeitig in den Kreißsaal, Minuten vor der Geburt. Außerdem wird jede Geburtsszene unweigerlich von folgendem Dialog begleitet:

Sie: Betäubung, gebt mir meine Betäubung!
Er: Vergiss das Atmen nicht. Ein, aus, ein, aus.
Sie: Alles deine Schuld, du Schuft!

Trotz ihres Bettelns ist es immer »zu spät« für eine PDA. Und nach dreimaligem Pressen, das nicht anstrengender als Pilates für Anfänger wirkt, erscheint auch schon das Köpfchen des »Neugeborenen«; putzig wie auf einem Anne-Geddes-Foto und schätzungsweise sechs Monate alt. Mama ist sich ziemlich sicher, dass die nächste Szene ihrer eigenen Film-Biografie dem Schnitt zum Opfer fallen wird: Du brüllst, während sie schluchzend auf einem Beutel Tiefkühlerbsen hockt und versucht, dich an ihren schmerzlich prallen Brüsten anzudocken.

Der Blockbuster

Zutaten

5 Erdbeeren
4 Basilikumblätter
Spritzer Zitronensaft
1,5 cl Zuckersirup
4 cl Wodka
9 cl Sodawasser
Zitronenscheibe

Zubereitung

Erdbeeren (grüne Teile vorher entfernen) und Basilikumblätter in einem Mixer zerkleinern. Zitronensaft, Zuckersirup und Wodka dazugeben. Die Mischung in ein mit Eis gefülltes Glas gießen und mit Sodawasser auffüllen. Umrühren und mit der Zitronenscheibe verzieren. Unmittelbar vor der Szene servieren, in der die Heldin einen Tag nach der Geburt wieder in ihre Hose Größe 34 schlüpft.

Wie dringend Sie diesen Drink brauchen

26 Nah am Wasser gebaut

Früher war Mama mal unerschütterlich wie Helen Mirren in *The Queen*. Jetzt kann es passieren, dass sie in Tränen ausbricht, wenn sie ihren Lipgloss nicht findet. Sie weiß nicht, ob Hormone, Schlafmangel oder die Beatrix-Potter-Vorhänge im Kinderzimmer diese Psychose verursacht haben, auf jeden Fall ist Mama nervtötend dünnhäutig geworden. Diese Woche brachte sie zum Weinen: in einer Telefon-Warteschleife gelandet zu sein, der Zoo, Socken, die dir zu klein geworden sind.

Selbst ein falscher Tweet kann einen Heulkrampf auslösen, weshalb sie Miley Cyrus nicht länger folgen kann. Absolut alles kann sie in tiefste Trauer stürzen; Mama ist eine emotionale Zeitbombe, und Papa bewegt sich längst wie in einem Minenfeld. Wenn er das hier überleben will, muss er schnellstmöglich folgende Sätze lernen: »Geisterweiß und Rauchweiß sind total verschiedene Farbtöne«, »Engagieren wir doch eine Putzfrau« und »Meine Mutter hat da unrecht«.

Justin-Timberlake-Gin&Tonic

Zutaten

3 cl Gin
9 cl Tonicwater
Spritzer Grapefruitsaft
Zitronenzeste

Zubereitung

Ein alter Klassiker, wieder aufgehübscht. Zum Heulen gut. Eis in ein Glas füllen, Gin, Tonicwater und Grapefruitsaft hineingeben, umrühren. Mit Zitronenzeste und einer Packung Papiertaschentücher garnieren. Es ist Hormon-Happy-Hour!

Wie dringend Sie diesen Drink brauchen

27 Die Wickeltasche

Vor deiner Geburt leistete sich deine Mama zu jeder Saison eine neue angesagte Handtasche. Heute bereut sie diese Verschwendung und checkt regelmäßig, was es bei GAP im Schlussverkauf gibt. Jetzt wird ihre niedliche Chanel-Clutch ersetzt durch eine klobige Kuriertasche fürs Wickelzeug, die sie genau wie dich überall mit hin schleppt. Die Tasche ist total stillos, bietet dafür aber reichlich Platz für verschiedensten Krempel: Windeln, Babysnacks, Schnuller, Spucktücher – und ein halbes Dutzend Reservebodys für die Windelexplosion, die du unweigerlich fünf Minuten nach Verlassen des Hauses produzierst. Verzweifelt stellt Mama dann fest, dass sie nur noch ein einziges Feuchttuch hat. Ihr wird schmerzlich bewusst, dass sie gefährlich nah am Abgrund wandert. Bald wird sie praktische Schuhe anziehen und hochtaillierte Jeans tragen, aber der Gestank deiner vollen Windeln hat jenen Teil ihres Gehirns angegriffen, der für Stolz und Körperpflege verantwortlich ist.

Coco Chanel

Zutaten

3 cl Gin
3 cl Kaffeelikör
3 cl Sahne

Zubereitung

Alle Zutaten in einen Shaker mit Crushed Eis geben. Gut schütteln und in ein Martiniglas abseihen. Schnell die hochtaillierte »Mama«-Jeans ausziehen und beherzigen, was Coco Chanel sagte: »Jede Frau sollte elegant und fabelhaft sein.« (Womit sie meinte: niemals Hosen mit Bügelfalten tragen.)

Wie dringend Sie diesen Drink brauchen

28 Öffentliche Verkehrsmittel

Nie im Leben hätte Mama dich freiwillig dieser Untergrund-Hölle ausgesetzt, aber Papa brauchte heute den Corolla und du brauchst dringend neue Klamotten. Was blieb ihr da anderes übrig? In öffentlichen Verkehrsmitteln gelten offenbar keine Anstandsregeln; die Passagiere glauben, sie dürften ungeniert ihre Nägel schneiden, Falafel essen oder vor sich hin summen – am besten alles gleichzeitig. Mamas Sitznachbar riecht, als hätte er das Memo über den Gebrauch von Wasser und Seife nicht bekommen, und hat weniger Zähne im Mund als du. Die frühreifen Mädchen am Ende des Waggons tragen Röcke, die knapp oberhalb des Nabels enden, riechen nach Zigaretten und fluchen wie Seeleute. Mama hofft insgeheim, dass du in ihrem Alter Mitglied im Matheclub bist. All diese Sinneseindrücke überwältigen dein kleines Babygehirn, und du hörst erst zu brüllen auf, als Mama dich auf den Arm nimmt. Obwohl die U-Bahn mit achtzig Stundenkilometern durch den Tunnel rast, bietet niemand Mama einen Sitzplatz an – und an der Stange will sie sich wegen der dort nistenden 412 Bakterienstämme nicht festhalten. Nächster Halt: Nervenzusammenbruch. Obwohl Mama beim Aussteigen mit einer Hand den Kinderwagen zu bändigen versucht und mit dem anderen Arm dich und die Wickeltasche trägt, hält niemand es für nötig, ihr den Weg frei zu machen. Auf diese Weise lernt Mama, dass sich dein Monster-Kinderwagen hervorragend als schweres Räumfahrzeug eignet. Wie Moses das Meer teilt Mama die Menschenmassen auf ihrem Weg zum – kaputten – Fahrstuhl. Niemand bietet ihr Hilfe an, und so schleift sie den Kinderwagen einhändig 478 Stufen hinauf. Du erleidest dabei ein leichtes Schleudertrauma. Zynischen Applaus für die Menschheit.

Entgleist

Zutaten
3 cl Bourbon, Rum, Wodka *oder* Gin
10 cl Fruchtpunsch

Zubereitung
Eis in ein Glas geben. Den Alk Ihrer Wahl und den Punsch eingießen und umrühren. Anders als der Typ neben Ihnen sein Dosenbier, genießen Sie den Drink besser nicht in der U-Bahn.

Wie dringend Sie diesen Drink brauchen

29 Windelbomben

Früher war Mama eine Macherin, jetzt machst du regelmäßig auf sie drauf. Wie kann eine so winzige Person derart viel Kacke produzieren? Und die setzt sich in jeder Pofalte fest. Sie klebt dir am Rücken, rinnt dir die Beine hinunter. Anfangs hast du klebrigen schwarzen Teer gekackt, dann Senfpaste. Was rückblickend gar nicht so übel war. Mama wusste damals noch nicht, wie gut sie es hatte, als du dich ausschließlich von Muttermilch ernährtest. Seit du auch feste Nahrung zu dir nimmst, riecht deine Kacke immer mehr nach, na ja. Der Windeleimer deluxe, angeblich geruchsdicht, ist – meine Fresse – alles andere als das! Der Gestank zieht durch das ganze Haus. Außer jemand, (sprich: Papa), übernimmt sofort die volle Windel und sprintet mit ihr zur Mülltonne. Aber oft genug ist Papa nicht da, und tatenlos zuzusehen, bis er aus dem Büro kommt, ist völlig ausgeschlossen, denn bis dahin hast du längst einen Windelausschlag – vom Gestank ganz zu schweigen. Auf dieses Grauen hat Mama niemand vorbereitet, und es gibt Tage, an denen es ihr bei der Beseitigung eines dreifach-Stinkers tatsächlich hochkommt. Natürlich versucht Mama, gelassen zu bleiben, auch wenn du in der Badewanne eine Wurst produzierst oder mit deiner Kacke spielst und sie an die Wand schmierst. Oder wenn du ... AAAAAAAH! WAS IST DAS IN MAMAS HAAREN?????

Schlammlawine

Zutaten
Schokosirup
1,5 cl Wodka
1,5 cl Kaffeelikör
1,5 cl Irish Cream
Spritzer Milch

Zubereitung
Schokoladensirup an den inneren Rand eines Glases träufeln und
Eis in das Glas füllen. Wodka, Kaffeelikör, Irish Cream und Milch ein-
gießen und umrühren.

Wie dringend Sie diesen Drink brauchen

30 Du bist krank

Manchmal wird deine explosive Kacke noch explosiver. Das bedeutet dann, dass du krank bist. Obwohl sich Mama kaum an zwei Wochen deines Lebens erinnern kann, in denen du nicht irgendein Krankheitssymptom zeigtest, kriegt sie fast einen hysterischen Anfall, wenn wieder mal grüner Rotz aus deiner Nase läuft. Manisch durchstöbert sie das Internet nach möglichen Diagnosen und kommandiert nebenbei Papa herum. Das Internet hat immer recht, das heißt du könntest durchaus Ebola haben. Also ab in die Notaufnahme des nächsten Kinderkrankenhauses, wo du nach vier Stunden endlich drankommst – und eine Erkältung diagnostiziert wird. Jetzt steht Mama vor dem moralischen Dilemma, ob sie dich auf Kosten ihrer geistigen Gesundheit in Quarantäne nehmen oder mit dir und all deinen Bakterien in den Musikkreis gehen soll, wo du sicher etliche Tamburine vollsabbern und anderen Kleinkindern deine rotzverklebten Finger in den Mund stecken wirst. Mama entscheidet sich für Letzteres und legt sich für alle Fälle schon mal eine Ausrede (»Ist nur eine Allergie«) zurecht.

Das Florence-Nightin-Ale

Zutaten

Zutaten

Flasche kaltes Ale
Schuss Tomatensaft

Zubereitung

Bier und Tomatensaft in ein Bierglas füllen. Mit Echinacea nach-
spülen.

Anmerkung

Auf Ihr Wohl! Denn eines ist klar: Morgen haben *Sie* die Erkältung.

Wie dringend Sie diesen Drink brauchen

31 Stilldemenz

Stilldemenz, die: beschreibt das Phänomen, das die höheren Gehirnfunktionen von Müttern auf das geistige Niveau einer ausgeschiedenen *Bachelor*-Kandidatin absinken lässt. Schlafmangel, eine Überdosis *Raupe Nimmersatt* und die übermäßige Verwendung von Babysprache fördern diesen Zustand, in dem die Betroffene unfähig ist, selbst einfachste Routine-Aufgaben zu erledigen – ein passendes Oberteil zu einem Rock zu wählen, ihr Handy in ihrer Handtasche zu finden oder etwas Geistreicheres zu lesen als die neuesten Promi-Gerüchte auf *Perez-Hilton.com*, ohne ständig in der Wörterbuch-App nachschlagen zu müssen. Das Phänomen ist – theoretisch – reversibel, wenn das Kind der betroffenen Mutter in der vierten Klasse die schriftliche Division durchnimmt und sie sich gezwungen sieht auszuknobeln, was zum Teufel das noch mal war.

Gehirn auf Eis

Zutaten
Blue Curaçao
Zucker
2 cl Amaretto
2 cl Melonenlikör

Zubereitung
Glas kühlen. Den Rand mit Blue Curaçao benetzen und in Zucker tauchen. Glas mit Crushed Ice füllen, Amaretto und Melonenlikör eingießen und umrühren. Mit leerem Blick servieren.

Wie dringend Sie diesen Drink brauchen

32 Baby-Mode

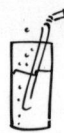

Noch nie hat Mama so viel Zeit in Einkaufszentren verbracht wie während ihres Mutterschutzes. Die großzügigen Toilettenräume zum Windelwechseln, das perfekt temperierte Klima, der Kinderwagen-freundliche Restaurant-Bereich machen Einkaufszentren zum Paradies für frischgebackene Mamas. Leider war Mama auch noch nie so pleite wie heute. Trotzdem zieht es sie unwiderstehlich in Läden mit Kleinkindermode. Blick aufs Preisschild: diese winzige Jeans kostet mehr als die Jeans, die Mama gerade trägt. Für einen großen Chocolate Mocca reicht Mamas Mutterschaftsgeld gerade noch, aber für die Babyweste mit Karomuster und aufgestickter Piratenflagge wird Visa aufkommen müssen. Ein Motorrad fahrender Bär? Auf einem Strampler? Den musst du natürlich haben! (Gesellschaftskritische Pause: Mama hofft natürlich, dass der Strampler nicht von Kindern genäht wurde, die kaum älter sind als du.) Oooooh, winzige Schühchen! Mama kauft gleich mehrere Paare, du kannst nämlich noch nicht laufen, deshalb ist das total sinnvoll. Mama trägt zwar selbst nur noch Schlabberzeug, aber deine Garderobe verdient eine Fotostrecke in der *Vogue*.

Shopping-Schlacht

Zutaten

1,5 cl Kirschbrandy
1,5 cl weißer Rum
1,5 cl brauner Rum
9 cl Grapefruitsaft
3 cl Orangensaft
Spritzer Grenadine

Zubereitung

Bereiten Sie sich diesen Drink zu, bevor Sie sich Ihre Kreditkarten-Monatsrechnung ansehen. Crushed Ice in ein Glas füllen, die Zutaten dazugeben und umrühren.

Wie dringend Sie diesen Drink brauchen

33 Plastikspielzeug

Während der Schwangerschaft erklärte Mama bei einem Bio-Soja-Chai-Latte noch dogmatisch, sie werde dir nur ungiftiges, handgeschnitztes Öko-Holzspielzeug kaufen. Sprung in die Gegenwart: Mamas Wohnzimmerboden sieht aus, als hätte jemand den gesamten Fisher Price-Katalog darübergekotzt. Du hast inzwischen eine eigene Meinung entwickelt und ignorierst entschlossen die Holzente auf Rädern. So sehr es Mama auch widerstrebt: In jeder Ecke des Hauses türmt sich Plastikspielzeug aus China. Nicht nur der Anblick schmerzt sie, sondern auch das Drauftreten: Gestern ist sie barfuß auf einen Lego-Stein gelatscht. Seit den Wehen hat sie keine solchen Schmerzen mehr gehabt. Mama sorgt sich nicht nur wegen der Langzeitfolgen von Polyethylen-Genuss (kürzlich fand sie ein kleines Plastikschaf in deiner Kacke), sie schämt sich auch so entsetzlich für ihr dämliches Gerede während der Schwangerschaft, dass sie sich nicht traut, andere Kinder zum Spielen einzuladen. Und auswärts wird sie erst wieder Play Dates vereinbaren, wenn ihre Fußsohle sich von dem Zusammenstoß mit dem Legostein erholt hat.

China-Syndrom

Zutaten

1,5 cl weiße Crème de Cacao
1,5 cl Wodka
1,5 cl Irish Cream
Prise Zimt

Zubereitung

Eis, Crème de Cacao, Wodka und Irish Cream in einen Shaker geben. Gut schütteln und in ein mit Eis gefülltes Glas abseihen. Zimt darüberstreuen.

Wie dringend Sie diesen Drink brauchen

34 Mutter-Kind-Yoga

Früher war Mama eine Kanone im Fitnessstudio. Auch nach einer Stunde Spinning sah sie noch hinreißend genug aus, um mit Michael, dem 26-jährigen Fitnesstrainer/Sahneschnitte Augenweide, zu flirten. In der sozialen Hierarchie des Clubs gehörte sie zu den A-Promis – wobei A für »Arsch« steht –, und ihrer war knackig. Jetzt macht Mama Mutter-Kind-Yoga. Mit Sport hat das nichts zu tun. Man drückt fünfzehn Euro ab, um einmal auf allen vieren den Hintern in die Höhe zu strecken und sich danach dreiundvierzig Minuten mit den anderen Mamas darüber auszutauschen, wie Babys am besten einschlafen. In ihrem Ehrgeiz, alle anderen Mamas und Babys zu übertrumpfen, zwingt Mama dich zu Sachen, die du noch nicht kannst. Sie setzt dich hin und spielt dann die Überraschte, wenn du umkippst und dir den Kopf anhaust. Die vier Kalorien, die Mama dabei verbrannt hat, dir das rotzverkrustete Gemeinschaftsspielzeug aus dem Mund zu winden, holt sie nach dem Namaste im Fair Trade-Café wieder rein, wo ihr Johannisbrot-Dinkel-Keks satte siebzehn Gramm Fett enthält. Mama lebt momentan zwar in ihren Yoga-Hosen, aber sie hat den Verdacht, ihr Hintern sieht darin nicht mehr ganz so gut aus wie früher.

Die dünne Tussi

(Können Sie sich noch an die Zeiten erinnern,
da Sie selbst eine waren?)

Zutaten

15 cl Diet Coke
3 cl Wodka
Spritzer Zitrone

Zubereitung

Eis in ein Glas füllen. Alle Zutaten eingießen und umrühren. Nur sechs-
undfünfzig Kalorien!

Wie dringend Sie diesen Drink brauchen

35 Einschlaf-Training

Es ist noch nicht mal zehn Uhr morgens und du schreist seit einer gefühlten Ewigkeit in deinem Bettchen. Genau genommen seit vier Minuten. Die längsten vier Minuten in Mamas Leben. Sie will nur nach oben laufen und dich in die Arme nehmen, aber nach der Ferber-Methode soll man dich notfalls auch eine Stunde lang brüllen lassen, bis du einschläfst. Eine Stunde lang? Das packt Mama nicht. Sie hat wirklich alles probiert, jede noch so »unfehlbare« Einschlafmethode: Kuss-, Rückzug-, Pendelmethode und wie sie alle heißen. Allesamt klägliche Fehlschläge. Das Einzige, was bisher zuverlässig funktioniert hat: dich endlos im Kinderwagen durch die immergleichen Straßen schieben. Wenigstens verlor Mama bei diesen stundenlangen Märschen ihren Schwangerschaftsspeck wieder. Als bestes Extra des Kinderwagens erwies sich der Becherhalter, für den großen Latte to go. Doch jetzt, wo du älter und wacher bist, funktioniert auch diese Methode nicht mehr. Jeder Hund, jedes Auto, jeder Windstoß erregt deine Neugier. Dir das Nickerchen vorzuenthalten gleicht, glaubt man den Ratgebern, »einer Folter«. Also bleibst du in deinem Bettchen und brüllst, bis du einschläfst, vor Ärger kotzt oder beides. Nur zum Trost: Auch Mama weint. Sie wünscht sich sehnlich, dieses Gefühl, die schlechteste Mama der Welt zu sein, würde endlich verschwinden. Außerdem kann sie dank eurem gemeinsamen Geheule den Fernseher kaum noch hören.

Selbstbeherrschung

(ohne Alkohol)

Zutaten

5 cl Orangensaft
5 cl Ananassaft
5 cl Granatapfelsaft
3 cl Grenadine
1,5 cl Mandelsirup
Minzblatt
Ananasdreieck

Zubereitung

Ein hohes Glas kühlen. Orangen-, Ananas-, Granatapfelsaft, Grenadine
und Sirup mit Crushed Ice im Mixer zerkleinern. Ins Glas gießen,
mit Minze und Ananas garnieren und die Lautstärke hochdrehen.

Wie dringend Sie diesen Drink brauchen

36 Das Haustier

Vor deiner Geburt war Schnuffi Papas und Mamas Liebling. Schnuffi war das Übungs-Baby und wurde entsprechend verwöhnt: mit Fleisch von frei lebenden Bisons, einem Porzellannapf mit Monogramm und mit maßloser Liebe. Schnuffi hatte eine eigene Facebook-Seite mit lustigen Status-Updates wie »Damen aufgepasst, heute gehe ich auf Balz« und »Wir haben Donnerstag? Fühlt sich wie Freitag an«. Doch dann verdrängte ein Baby Schnuffi von seinem Thron. Dafür rächte er sich, indem er all deine Spielsachen zerbiss – und Mamas komplette High-Heel Sammlung. Übrigens hat Schnuffi als Test-Baby total versagt: Wie sich herausstellte, können Mama und Papa dich nicht einfach mit einem Napf Chappi vor dem Fernseher parken und in die Oper gehen. Apropos Chappi: Gestern hat Mama dich erwischt, wie du Chappi vom Küchenboden aßt. Ihr selbst gekochtes, gesundes Essen verschmähst du, aber getrocknete Stierhoden (oder was in diesem Hundefutter drin ist) isst du??? Das Wohnzimmersofa ist über und über bedeckt mit Hundehaaren (»mein Revier!«) und den Resten von Baby-Kotze (»nein, meines!«). Übrigens scheint ihr euch die Zeit im wahrsten Sinne des Wortes mit Wettpinkeln zu vertreiben: Mama ist nur noch damit beschäftigt, Pipi wegzumachen: deins, Schnuffis *und Papas*! Wenn du mal groß bist, zielst du hoffentlich besser.

Salty Dog

Zutaten

Zitronensaft
Salz
3 cl Wodka
8 cl Grapefruitsaft

Zubereitung

Den Rand eines Glases mit Zitronensaft beträufeln und mit Salz be-
streuen. Eis in das Glas füllen. Wodka und Grapefruitsaft eingießen
und umrühren. An kurzer Leine servieren.

Wie dringend Sie diesen Drink brauchen

37 Exfreunde

Manchmal, wenn Mama mit Babykotze besudelt, vom Schlaf-mangel zermürbt und von Hormonen benebelt ist, fantasiert sie darüber, wie ihr Leben auch hätte verlaufen können. Im Geist geht sie die Liste ihrer Exfreunde durch (und stalkt sie auf Facebook). Folgende Leben hätte sie auch führen können:

Der große Mann mit dem kleinen Penis: Er hätte ihr alles gebo-ten; Villa, vier Kindermädchen und eine Amme für die Nacht – während er sich eine blutjunge Geliebte genommen hätte.

Der nette Kerl ohne Rückgrat: Er hätte immer alles getan, was sie von ihm verlangt hätte (auch Windeln gewechselt und nachts die Flasche gegeben!) – außer, sie endlich in Ruhe zu lassen und/oder mit dem Weinen aufzuhören.

Der grenzschwule, metrosexuelle Mann: Er hätte das Kochen, Einkaufen, Putzen und die Pflege des adoptierten Kindes über-nommen, und Mama hätte eine innige Freundschaft mit der Massagedüse der Dusche entwickelt.

Der scharfe Typ ohne Job: Er hätte Mama motiviert, mit dem Intimzonen-Waxing weiterzumachen. In seinem Bett hätte sie die Baby-Pfunde schnell wieder runtertrainiert. Allerdings hätte sein T-Shirt-Druck-Unternehmen sie in den finanziellen Ruin getrieben.

Doch wenn du deine pummeligen Ärmchen um ihren Hals legst und sie breit anlächelst, ist Mama unglaublich dankbar für Daddy. Zusammen haben sie dich gemacht. Dann wird ihr wieder klar, dass Exfreunde aus gutem Grund *Ex* sind.

Der Geist der Verflossenen

Zutaten
3 cl Birnensaft
3 cl Cranberrysaft
Prosecco

Zubereitung
Champagnerflöte kühlen. Birnen- und Cranberrysaft eingießen und mit Prosecco auffüllen. Zum Gedenken etwas auf den Boden gießen und die Tür zur Vergangenheit schließen (und den Laptop, Stalkerin!)

Wie dringend Sie diesen Drink brauchen

38 Das Wetter

Mutter Natur kann manchmal ebenso nervig sein wie Mamas Schwiegermutter. Mama fällt die Decke auf den Kopf und sie muss raus, bevor du aus einer weiteren Wand einen Jackson Pollock machst. Der Wetterbericht ist so vertrauenswürdig wie ein E-Mail-Angebot aus Nigeria, weshalb folgende Szenarien möglich sind:

Baby, it's cold outside! Mama muss dich in mehrere Lagen Kleidung zwingen, unter anderem in einen peinlichen Rentier-Pullover. Weiteres Schutzmaterial transportiert Mama in einem Expeditionsrucksack, der eines Treks zum Base Camp würdig wäre. Du weigerst dich, Handschuhe zu tragen, und ziehst dir ständig die Mütze vom Kopf. Eine alte Dame mustert Mama mit bösem Blick und murmelt einen unhörbaren, aber garantiert gemeinen Kommentar über Mamas Erziehungskünste.

Weine nicht, wenn der Regen kommt: Regen bedeutet, dass Mama erst einmal ein Zelt über den Kinderwagen mcGyvern muss. Sie kann keinen Regenschirm tragen, während sie deinen Wagen schiebt, wird also tropfnass. Dein Hut rutscht dir über die Augen, sodass du nichts mehr siehst, aber Mama kann ihn nicht zurechtrücken, weil du unerreichbar in deiner wasserdichten Festung sitzt.

Feeling hot, hot, hot: Du bist zu klein für Sonnenmilch, also musst du einen strahlensicheren Overall anziehen, in dem du schwitzt und grantig wirst. Du weigerst dich, deine Junior Ray Ban zu tragen und reißt dir deinen ironisch gemeinten Retro-

Strohhut immer wieder vom Kopf. Als ihr schon fast wieder zu Hause seid, stellt Mama fest, dass der Hut weg ist. Also muss sie wieder los und ihn suchen. Nach zwanzig Minuten entdeckt sie ihn – und im nächsten Moment wird er von einem Range Rover platt gefahren. Du lachst dich kaputt, und Mama sollte sich ärgern, dass weitere 19,95 Euro vom sprichwörtlichen Windeltwister davongewirbelt wurden. Aber insgeheim freut sie sich über deine negative Einstellung gegenüber Hipstern und merkt sich für die Zukunft, dass dein Stil eher Hugo Boss ist als Arbeitsloser Musiker.

Hurrikan

Zutaten

3 cl brauner Rum
6 cl Zitronensaft
6 cl Passionsfruchtsirup
Orangenscheiben
Kirsche

Zubereitung

Eis, Rum, Zitronensaft und Passionsfruchtsirup in einen Shaker geben, gut schütteln und in ein mit Eis gefülltes Glas abseihen. Mit Orangenscheiben und Kirsche garnieren.

Wie dringend Sie diesen Drink brauchen

39 Fernsehen

Seit deiner Geburt ist Mamas Fernsehkonsum sprunghaft an-
gestiegen; momentan glotzt sie so viel wie zuletzt Anfang der
1990-er, als sie ein Schlüsselkind war. Damals waren ihre großen Vorbilder Angela Bower (alleinerziehend Mutter in *Wer ist
hier der Boss?*) und Clair Huxtable (die Mutter in der *Bill Cosby
Show*), doch jetzt identifiziert sie sich mit Chloé Kardashian.
Schon in den ersten Wochen nach deiner Geburt entwickelte
Mama die Routine, sich zum Stillen vor den Fernseher zu setzen. Nachdem sie Serien jahrelang nur auf DVD angesehen
hat, konnte sie den Dramen jetzt endlich in Echtzeit folgen. Ein
schöner Vorteil, der den tragischen Verlust ihres Einkommens
und ihres straffen Bauchs wenigstens teilweise wettmachte.
Leider währte diese Periode nur kurz, dann verkam ihr Alltag
zu einer Ironman-Veranstaltung aus Langstreckenwanderun-
gen zu H&M und Ringkämpfen mit Kinderwagen und Hoch-
stuhl. Mamas Tage sind inzwischen physisch so anstrengend
geworden, dass sie abends buchstäblich vor dem Fernseher
kollabiert, sobald du endlich eingeschlafen bist. Manchmal
wünscht sie sich, es wäre noch politisch korrekt, dich vor *Sesamstraße* zu parken, während sie koch(en lern)t oder etwas
anderes liest als *Das Baby. Inbetriebnahme, Wartung und Instand-
haltung*. Aber aus dem heimlichen Traum, dass Bibos ABC-
Lied sich in deinem Unterbewusstsein festsetzt, wird nichts.
Schließlich brummt es im Internet nur so vor Warnungen, dass
Säuglinge, die fernsehen, später lebenslang unter Aufmerksam-
keitsstörungen leiden. Mama weiß zwar, dass nächstes Jahr
eine Studie rauskommen wird, wonach sich in Babys, die regelmäßig *Dora the Explorer* gucken, Einstein-mäßige Gehirnstruk-

turen ausbilden, trotzdem tragen Mamas Schuldgefühle einen weiteren Triumph davon und die Fernbedienung bleibt für dich vorerst nur ein Beißring.

Der Hirncocktail

Zutaten
3 cl Pfirsichschnaps
3 cl Irish Cream
Spritzer Grenadine

Zubereitung
Den Schnaps in ein Highball-Glas füllen. Irish Cream in die Mitte gießen und Grenadine darübergeben. Zu einem Fertiggericht aus der Mikrowelle servieren.

Wie dringend Sie diesen Drink brauchen

40 Facebook

Vor deiner Geburt machte Facebook Spaß. Jetzt ist es die Hölle. Die Status-Updates der kinderlosen Crew dokumentieren: Reisen in exotische Länder, grandiose Konzerte und Besuche in coolen Pizzerien mit Tequila-Bar. Wehmütig denkt Mama an die Zeit zurück, als sie selbst noch zu der Elite gehörte, die ihre Nächte mithilfe getaggter Fotos und Foursquare rekonstruierte. Und was zum Teufel sind *Memes*? Mama kommt nicht mehr mit.

Die Status-Updates der Baby-Crew lauten: »Mein Baby! Ist das Profilbild meines Kleinen nicht wunderschön?« Die Bilder werden kommentiert von anderen Müttern, die alles süüüüüüüüüß finden. Mama wünscht sich nur, schreiben zu dürfen, was eigentlich alle denken: Mit dem Kind stimmt doch irgendwas nicht. Ui, Mama hat eine Freundschaftsanfrage. Leider kommt sie von einer Mama aus der Krabbelgruppe. (Ablehnen.) In dem Versuch, cool rüberzukommen, kommentiert Mama das neueste OK Go-Video. Doch dann wird sie auf einem Foto aus der Baby-Salsastunde getaggt, auf ihrer Schulter unübersehbar: erbrochener Milchreis. Mamas Status-Update: »Fühle mich so überflüssig wie Myspace«. (Moment mal, drei Freunden gefällt das?)

Die Freundschaftsanfrage

Zutaten

15 cl Sekt
3 cl Himbeerwodka
Spritzer Chambord
Frische Himbeeren

Zubereitung

Sekt, Wodka und Chambord (gilt als der edelste aller Liköre) in eine Champagnerflöte gießen und umrühren. Mit Himbeeren garnieren und die neuen Freundschaften genießen, die Sie beim Servieren schließen.

Wie dringend Sie diesen Drink brauchen

🍼🍼🍼🍼

41 Treibhauseffekt

Glaubt man Mamas altem FriendScout24-Profil, war sie schon immer eine echte Umweltschützerin. Und ja, sie wirft ihre leeren Diet-Coke-Dosen in den Container und isst nach Möglichkeit keine Delfinsteaks, aber möglicherweise hat sie die Wahrheit doch ein wenig geschönt, als sie seinerzeit ihr ideales Date beschrieb: »nach der Rettung eines Wals zu zweit in der Kombüse der *Rainbow Warrior* Eintopf essen«. In Wirklichkeit stand der Kauf eines Autos, das nur mit Sonnenlicht und warmen Umarmungen lief, auf ihrer Prioritätenliste nicht ganz so weit oben. Erst seit deiner Geburt fällt ihr wieder auf, wie übel wir unseren Planeten behandeln. Es zieht sie richtig runter, sich auf YouTube Gordon Ramsays Film über die Zubereitung von Haifischflossensuppe anzusehen oder auf Twitter zu lesen, dass wir angesichts der völlig durchlöcherten Ozonschicht bald alle aussehen werden wie Engländer nach einem Tag Mallorca. Mama fürchtet: Wenn der Nordpol schmilzt und die Rentiere des Weihnachtsmanns weggespült werden, wird das deine Kindheit ruinieren. Und wo sie schon am Grübeln ist, sorgt sie sich auch gleich noch über zunehmende Gewalt und Armut. Wie soll sie dich vor all dem beschützen? (Au weia, der ganze Mist ist plötzlich so konkret.) Jetzt kann Mama bei *Mutter Erde: Special Victim's Unit* nicht mehr einfach wegschalten. Trotzdem kommen Stoffwindeln weiterhin nicht in Frage. Nach der Exxon Valdes-Katastrophe, die heute Morgen aus dir rauskam, bleibt sie endgültig bei Wegwerfwindeln.

Biowein aus der Region

Anmerkung

Genießen Sie das gute Gewissen beim Kopfweh am nächsten Tag. Je schlimmer das Pochen, desto mehr haben Sie für die Umwelt getan.

Wie dringend Sie diesen Drink brauchen

42 Babyschwimmen

Mama war noch von den Wehen benommen, als sie dich für das Babyschwimmen im örtlichen Spaßbad anmeldete. Sie stellte sich vor, dass du selig im Wasser treiben würdest, wie in einer riesengroßen Fruchtblase. Leider bedachte sie nicht, dass sie sich dafür in einen Badeanzug würde quetschen müssen. Der jederzeit platzen kann. Im Kleiderschrank hat Mama nur neonfarbene Mini-Bikinis aus einem anderen Leben, aber sie bringt es nicht über sich, einen vernünftigen Einteiler nach dem Motto »Ich habe aufgegeben« zu kaufen.

Wenigstens haben ihre Brüste weiterhin Pamela-Anderson-Format und sehen (auf gute Art) billig aus. Damit hofft Mama die Blicke vom Katastrophengebiet weiter unten abzulenken, das von einer leider dauerhaften Linea Nigra grausam betont wird. Der Kurs dauert nur zwanzig Minuten, aber Mama braucht fast eine Stunde, dich in Schwimmwindeln zu stecken und sich selbst umzuziehen, ohne dich dabei von der bakterienverseuchten Bank fallen zu lassen. Schon nach einer Strophe »Kleines Seepferdchen« laufen deine Lippen blau an, woraufhin Mama dich in ein dickes Handtuch einpackt und die Hoffnung, du würdest der nächste Michael Phelps, wie eine Poolnudel davontreiben lässt. Schon auf dem Weg zurück zur Umkleide spürt Mama, wie sich an ihren Füßen Fußpilz bildet. Und du hast im Pool keine Sekunde lang wie das Baby auf dem Nirvana-Cover ausgesehen. Ach, was soll's.

Pool-Party

Zutaten

3 cl Blue Curaçao
9 cl selbst gemachte Limonade
Spritzer Sprite

Zubereitung

Eis in ein Glas geben. Curaçao, Limonade und Sprite eingießen und umrühren.

Anmerkung

Riecht nach Teenager-Zeiten.

Wie dringend Sie diesen Drink brauchen

43 Fliegen

Als Mama erfuhr, dass Kinder unter zwei Jahren gratis fliegen (und danach voll oder annähernd voll zahlen!), beschloss sie, ernsthaft Bonusmeilen zu sammeln, notfalls auch ohne ihren Wingman, Papa. Schnitt auf deinen ersten Flug. Mama erinnert sich an ihre Stoßgebete, wenn sie früher beim Boarden einen Passagier mit Kleinkind sah: »Bitte lass mich ganz weit weg sitzen!« Jetzt ist sie selbst dieser Passagier. Mama hat zwei volle Windeln gewechselt, der halben Kabine ihren Busen gezeigt und sich fünf abschätzige Blicke eingehandelt – und das Ganze, noch bevor das Zeichen BITTE ANSCHNALLEN überhaupt aufleuchtet. Ohnehin reist du mit derart großem Gepäck– Babyschale, Buggy, stapelweise Wechselkleidung und hundert Windeln, die du bis Donnerstag verbraten haben wirst –, dass die Kosten für das Übergepäck schon fast an den Preis eines Tickets heranreichen. Eine grässliche Stunde lang muss Mama den Gang auf und ab laufen, bis du endlich einschläfst. Keine zwanzig Minuten später – der Bordfilm ist gerade erst angelaufen – wachst du schon wieder auf. Leider findest du es im Moment nur interessant, das Klapptischchen abzulecken und das zerfledderte Heft mit den Duty-Free-Angeboten anzuknabbern. Schon jetzt graut es Mama vor dem Rückflug. An den bereits gebuchten nächsten Trip auf die Kanaren möchte sie überhaupt nicht denken. Das Reisen kann sich Mama offenbar dorthin schieben, wo auch Nachtruhe, Freizeit und weiße Kleidung schon gelandet sind. Aber alles wird besser, wenn du erst alt genug fürs Feriencamp bist.

Aviator

Zutaten

3 cl Gin
6 ml Maraschino-Likör
6 ml Aprikosen-Brandy
Spritzer Zitronensaft
Frische Himbeeren

Zubereitung

Alle Zutaten mit Eis in einen Shaker geben, gut schütteln und in ein Glas abseihen.

Anmerkung

Spucktüte optional.

Wie dringend Sie diesen Drink brauchen

🍼🍼🍼🍼

44 Haus und Grund

Früher suchten Mama und Papa sich Wohnungen mit freiliegenden Balken und in der Nähe von vielen coolen Bars. Und jetzt? Sind sie aufs Land gezogen, dahin, wo die Welt noch in Ordnung ist, die Luft klar und die örtliche Grundschule solide – deutlich solider als das winzige undichte Eigenheim, an dem ständig etwas zu reparieren ist. Früher genoss Mama die Anonymität der Stadt, sie machte sich nie die Mühe, ihre Nachbarn kennenzulernen und vermied im Aufzug jeden Augenkontakt. Jetzt muss sie sich die Namen aller Leute in ihrer Siedlung einprägen (was sie nur mithilfe von in die Küchenschränke geklebten Post-its schafft) und freundlich grinsen, sobald sie das Haus verlässt. Im Allgemeinen hasst Mama die ganze Menschheit – besonders, wenn sie unter Schlafentzug leidet –, was Lächeln zur echten Herausforderung werden lässt. Vorbei die Zeiten, als angesagte Restaurants und schicke Läden direkt vor der Wohnungstür lagen. Jetzt verbringt Mama ihre Zeit damit, dich in den Buggy zu zwingen und zum nächsten Baumarkt zu schieben. Ein wenig tröstet sie der Anblick von Papa, der den Rasenmäher beschimpft. Irgendwie wirkt er dabei auf heimelige Art sexy.

Die »Herzlich-willkommen«-Fußmatte

Zutaten

3 cl Pimm's
9 cl selbst gemachte Limonade
Spritzer Ginger Ale
Rosmarinzweig

Zubereitung

Eis in ein Glas geben. Pimm's, Limonade und Ginger Ale eingießen
und umrühren. Mit Rosmarin aus dem Kräutergarten garnieren. Ja,
Sie haben jetzt einen Kräutergarten. Laden Sie die Nachbarn ein,
binden Sie sich eine Schürze um und fügen Sie sich in Ihre neue
Häuslichkeit.

Wie dringend Sie diesen Drink brauchen

45 Mama ist asymmetrisch

Später wirst du in Biologie lernen, dass Tiere sich Partner mit einer möglichst symmetrischen Erscheinung suchen. (Offenbar verbindet das Gehirn Symmetrie mit guten Genen und entsprechend gesundem Nachwuchs.) Nicht beigebracht wird euch in der Schule, wie die Geschichte endet: Mann wirbt um möglichst symmetrische Frau, die beiden pflanzen sich fort, und die Frau verliert genau das, was ihren Partner angelockt hat.

Beweisstück A: Mamas *Brüste*. Dank ungleichmäßigem Milcheinschuss ist Mamas rechte Brust manchmal grandiose Körbchengröße E, während sich die linke unter einer Briefmarke verstecken ließe.

Beweisstück B: Mamas *Arme*. Seit deiner Geburt trägt Mama dich hauptsächlich auf dem linken Arm, der inzwischen durchaus die Titelseite des *Bodybuilding-Magazins* zieren könnte. Mit dem rechten hingegen würde sie beim Armdrücken gegen E. T. verlieren.

Beweisstück C: Mamas *Innereien*. Offenbar hat sie manche Stellen im Schwangerschaftsratgeber allzu flüchtig gelesen. Zum Beispiel das Kapitel, in dem es heißt, während der Schwangerschaft würden die inneren Organe verschoben und danach »in etwa« wieder an den alten Platz zurückkehren. Wahrscheinlich war sie noch zu schockiert vom vorhergehenden Kapitel: »Dehnungsstreifen, Krampfadern und schwangerschaftsbedingte Pigmentflecken«.

Gott sei Dank liebt Papa Mama nicht nur wegen ihres guten Aussehens. Sondern auch wegen der guten Laune, mit der sie ihn empfängt, wenn er eine Viertelstunde zu spät von der Arbeit kommt. Äh, Moment mal.

Quasimodo

Zutaten

3 cl Wodka
1,5 cl Cranberry-Wodka
1,5 cl trockener Wermut
Erdbeere
Zitronenzeste

Zubereitung

Cocktailglas kühlen. Wodkas und Wermut mit Eis in einen Shaker geben. Gut schütteln und in ein Glas abseihen. Mit Erdbeere und Zitronenzeste garnieren.

Anmerkung

Am besten genießen, während Sie Spiegel meiden.

Wie dringend Sie diesen Drink brauchen

46 Wachstumsschübe

Das Tolle daran, 19,95 Euro für Baby-Chinos auszugeben ist, dass du schon aus der Hose herausgewachsen bist, wenn ihr das Geschäft verlasst. Nur eines wächst noch schneller als du: die Feuergefahr im Keller, wo sich mittlerweile ein Berg abgelegter Kleidung türmt. Mama kann sie nicht weggeben, vielleicht kommt ja noch ein zweites Kind (wobei sie momentan eher versucht ist, eine Website mit dem Namen *Einesreicht.de* aufzumachen). Um nicht ständig zum Klamottenkaufen gehen zu müssen, steckt Mama dich in Kleidung, die nicht mehr passt, sodass du ständig aussiehst wie Christina Aguilera. Wenn du weiter so schnell wächst, trägst du sowieso bald Papas Klamotten. (Hoffentlich ist sein Zeug, das sämtlich aus den 1990-ern zu stammen scheint, bis dahin schon wieder retro und total angesagt.) Während deiner Wachstumsschübe bist du launisch und schläfst nicht durch, aber Mama freut sich, dass du offenkundig so gut gedeihst. Außerdem siehst du in deiner übergroßen Paisley-Weste toll aus – ungefähr fünf Minuten lang.

Ein großes Glas Wasser

Anmerkung
Wodka dazugeben.

Wie dringend Sie diesen Drink brauchen

47 Der Babysitter

Mama kann nicht fassen, dass sie einer Babysitterin dreißig Euro dafür bezahlt, dass sie im Wohnzimmer herumgammelt, ihrem Freund simst und Mamas Cappuccino Frozen Yoghurt auffrisst, während du oben in deinem Bettchen liegst und *die ganze Zeit* schläfst. Doch Mama und Papa hatten das Gefühl, ihrer geistigen Gesundheit zuliebe sollten sie den Samstagabend mal anders verbringen, als sich (fast eine ganze Folge) *Sex and the City* reinzuziehen und geliefertes Essen vom Thailänder direkt aus dem Aluminium zu löffeln. Mama findet sich in ihrem kleinen Schwarzen sogar ziemlich scharf – bis die Babysitterin mit ihren Beyoncé-Beinen und ihren quasi non-existenten Hot-Pants vor der Tür steht. Wenigstens kommt Mama endlich zu dem angesagten neuen Italiener am anderen Ende der Stadt, von dem die Single-Crew so schwärmt. Auf dem Heimweg überschlägt sie dann, dass das Pilz-Risotto, das sie »selbst ebenso gut hingekriegt hätte« (guter Witz), pro Gabel neun Euro gekostet hat. Auch die Unterhaltung fällt schwer, weil Mama und Papa übermüdet sind und alle zwei Minuten ihre Handys checken, um sicherzugehen, dass du nicht aus deinem Bettchen gesprungen bist oder das Haus angezündet hast. Eine Flasche Wein trinken geht auch nicht, schließlich soll jemand später den Babysitter heimfahren. Aufwand und Vergnügen stehen in derart schlechtem Verhältnis, dass Mama und Papa sich in Zukunft genau überlegen werden, zu welchen Gelegenheiten sie ausgehen. Keine Jennifer Aniston-Filme und Abendessen mit B-Listen Freunden mehr bis zu deinem 13. Geburtstag.

Zehn-Euro-Flasche Merlot und Pizza vom Lieferservice

Anmerkung

Manchmal zahlt es sich aus, langweilig zu sein.

Wie dringend Sie diesen Drink brauchen

48 Windeln

Wenn du Mama später mal fragst, warum du an einer staatlichen Uni studieren musst, anstatt eine elitäre Privatuni zu besuchen, wird sie dir eine Geschichte von einem fiesen, stinkenden Schurken erzählen, der sich mit dem Familienvermögen davongemacht hat: Mr. Pampers. Auch wenn deine Berufsaussichten dadurch deutlich geschmälert sind, immerhin hattest du als Baby den zartesten Popo der Welt. Du bist entsetzt? Na, dann frag dich mal, wie entsetzt Mama von dem Giftmüll war, der aus dir rauskam, nachdem du angefangen hattest, feste Nahrung zu dir zu nehmen. Gottlob schaffte Mama es, die Wehen als emotionales Druckmittel einzusetzen und Papa den Großteil der Windelkatastrophen anzuhängen (zusätzlich zu seinen bisherigen Aufgaben im Haushalt: dem Auswechseln der Gasflasche vom Gasgrill und dem Töten von Spinnen). Der Gedanke, dass Mama allein in deinem ersten Jahr mehr als fünfhundert Euro für Windeln ausgegeben hat, ist fast ebenso Übelkeit erregend wie das, was schließlich darin landete. Noch schlimmer wird die Lage offenbar erst, wenn du anfängst, aufs Töpfchen zu gehen. (Stoff für *Nüchtern steh ich das nicht durch 2*?)

Ein Schluck Luxus

Zutaten

3 Himbeeren
3 Heidelbeeren
Cognac
kalter Champagner

Zubereitung

Die Beeren eine Stunde in Cognac einlegen. Eine Champagnerflöte
kühlen. Die Beeren in die Flöte geben und mit Champagner auffüllen.

Anmerkung

Verwöhnen Sie sich zur Abwechslung mal mit diesem extravaganten
Cocktail.

Wie dringend Sie diesen Drink brauchen

♟ ♟ ♟ ♟

49 Mittagsschlaf

Deine Nickerchen sind eine Wohltat für Mama. Theoretisch. Glaubt sie den anderen Mamas aus der Krabbelgruppe, bist du offenbar das einzige Kind auf dieser Welt, das nicht zweimal am Tag genau eine Stunde schläft. Manchmal muss Mama fünfundvierzig Minuten lang mit dir auf dem Sitzball wippen, bis du endlich einschläfst – und dann wachst du nach zehn Minuten wieder auf. Wenn du wirklich mal wie durch Zauber von selbst in deinem Bettchen einschläfst, beginnt für Mama ein Kampf gegen die Zeit. Anders als Jack Bauer bleibt ihr höchstens eine einzige Stunde, um die Welt in Ordnung zu bringen: Kaffee machen, das Wäsche-Matterhorn abtragen, Apfelmus von der Küchendecke putzen, sich einen Toast reinstopfen, mehr Kaffee machen, das schimmlige Gemüse im Kühlschrank rausschmeißen, den Windeleimer leeren (würg!), kein Spanisch lernen, eine Minute lang Nachrichten schauen, den Gedanken, sich um elf Uhr vormittags sinnlos zu betrinken, mit Bedauern verwerfen. Kaputtlachen könnte Mama sich über die Vorschläge auf Pinterest, welche Fünf-Gänge-Menüs und aufwendigen Basteleien man während Babys Nickerchen vorbereiten kann. Mama ist deinem Tagesablauf hoffnungslos ausgeliefert, und wenn du auf der Heimfahrt im Auto einschläfst, dann war es das mit dem Nachmittagsschläfchen, und Mama wird um genau die Stunde gebracht, in der sie ALLES erledigen muss. »Schlaf, wenn dein Baby schläft«, zirpen alle Ratgeber. *Na klar.*

Das Schläferstündchen

Zutaten

Zitronensaft
Zucker
3 cl Gin
9 cl Sodawasser
Thymianzweig

Zubereitung

Den Rand eines Glases mit Zitronensaft befeuchten und in Zucker tauchen. Eis in ein Glas füllen. Gin, Sodawasser und einen Spritzer Zitronensaft hineingeben und nach Geschmack zuckern. Vorsichtig umrühren. Mit Thymian garnieren.

Wie dringend Sie diesen Drink brauchen

50 Hotels

Ein vor Mikroben wimmelnder zwanzig Quadratmeter großer Käfig voll scharfkantiger Glasmöbel – das klingt nicht gerade nach einem Babyparadies. Aber irgendwie findet Mama die Vorstellung weniger grässlich, Papa auf seiner Geschäftsreise zu begleiten, als zu Hause tagelang mit dir allein zurechtkommen zu müssen. Also lasst ihr beiden es die nächsten drei Tage mal so richtig krachen. Mamas Plan, das Hotelzimmer erst mal mit Sagrotan zu desinfizieren, scheitert kläglich, weil du die Fernbedienung (*Igitt!*) vor ihr entdeckst. Wenigstens schafft sie es, den verderblichen Teil deiner Nahrung in den Minibar-Kühlschrank zu stopfen, nachdem sie alle nicht alkoholischen Getränke herausgenommen hat. Mamas Plan, ein Abendessen beim Zimmerservice zu bestellen und sich auf HBO einen Film reinzuziehen, während Papa mit den Kollegen die Stadt unsicher macht, scheitert ebenfalls: Dein Bettchen passt nicht ins Bad, sondern nur in die Lücke zwischen Elternbett und Fernseher. Um 19 Uhr macht Mama das Licht aus und irgendwann schläfst du dann ein. Mamas Unterhaltungsmöglichkeiten sind begrenzt: Sie kann im Bad Licht anmachen und das Gästemagazin des Hotels lesen oder sich unter die Bettdecke verkriechen und auf Facebook nachsehen, was ihre Ex-Kollegen so treiben. Zumindest lügt sie nicht, wenn sie schreibt: »Verbringe einen suuuper Abend in NYC!«

Minibar Mocktini

(ohne Alkohol)

Zutaten

je nach Inhalt der Minibar

Zubereitung

Eis in ein Glas geben. Zu gleichen Teilen Cranberry- und Orangen-
oder Ananassaft eingießen und mit einem Spritzer Ginger Ale auffüllen. Dazu ein Acht-Euro-Tütchen Erdnüsse – geht alles auf Papas
Spesenrechnung.

Wie dringend Sie diesen Drink brauchen

51 Wäsche

Mama wäscht ständig: jeden Tag, den ganzen Tag. Offenbar zieht ein sauberer Body jede Art von Schmutz geradezu magisch an. Mamas Wasserrechnung geht durch die Decke, und das bislang verbrauchte Waschmittel hat vermutlich schon etliche Baby-Robben umgebracht. Anfangs lief die Maschine wegen deiner Windelkatastrophen ständig, jetzt nimmt der Schmutz nicht mehr den umständlichen Umweg über deinen Körper: Mama hat Angst, dass du verhungerst, weil ganze Avocados auf deiner Hose landen. Du findest die Sauerei natürlich zum Totlachen. Deine Komikernummer ist inzwischen schon ziemlich ausgefeilt: Erst bedeckst du dich mit Tomatensoße, Erdbeersaft und Karottenpüree, dann spritzt du das Ganze auf Mamas einziges noch ansehnliches Wickelkleid. Um deine Haut auch garantiert nicht zu reizen (Schuldgefühl-Alarm!), verwendet Mama nur parfüm-, chemie- und wirkungsfreies Waschmittel, das radikal keine Flecken entfernt. Am liebsten würde sie dich ganz in Schwarz kleiden und einen Baby-Grufti-Trend anstoßen. Anarchie im Gitterbett!

Irgendwas Blubberndes
mit sauberem Abgang

Wie dringend Sie diesen Drink brauchen

52 Renovierungsarbeiten

Man sollte umbauen, solange Kleinkinder im Haus sind ... hat nie irgendwer behauptet. Warum nicht, fanden Mama und Papa kürzlich heraus, als das Dach zu lecken anfing. Mama hat ja schon ein schlechtes Gewissen, wenn sie sich bei Starbucks einen Karamell-Schoko-Latte gönnt. Du kannst dir also vorstellen, dass es sie erst recht fertig macht, überraschend Tausende von Euro in die Reparatur des Dachs und die Beseitigung der Wasserschäden stecken zu müssen. Außerdem muss sie dich inmitten einer Baustelle vor Schaden bewahren ... Früher scheute Mama keine Mühen, um deine Spiel-, Ruhe- und Förderzeiten perfekt auszubalancieren, aber jetzt ist sie schon froh, wenn du den Tag überstehst, ohne einen rostigen Nagel geschluckt zu haben oder durch ein Loch im Dielenboden gefallen zu sein. Deine Schläfchen enden regelmäßig nach zehn Minuten, weil die CD mit Meeresrauschen vom Kreischen der Motorsägen übertönt wird. Lieferschwierigkeiten und Handwerker, die einfach nicht zum verabredeten Termin erscheinen, sorgen dafür, dass die Bauarbeiten sich über acht Wochen hinziehen. Aber Mama tröstet sich damit, dass du nach dem Umbau wenigstens ein Dach über dem Kopf und einen warmen, trockenen Platz zum Spielen haben wirst. Und dann läuft der Keller voll ...

Screwdriver

Zutaten
3 cl Wodka
18 cl Orangensaft

Zubereitung
Ein hohes Glas mit Eis füllen. Wodka eingießen, mit Orangensaft auffüllen und umrühren.

Anmerkung
Hilft, den Holzstaub runterzuspülen, der sich überall im Haus verteilt hat.

Wie dringend Sie diesen Drink brauchen

53 Das Ende der Elternzeit

Es ist so weit, Mama kehrt wieder an ihren Arbeitsplatz zurück – einen Ort, wo sie ihre Sätze zu Ende sprechen kann, sie für ihre Mühen bezahlt wird und ihren Kaffee trinken kann, ohne dass er erst mal kalt wird, weil jemand sie angepinkelt hat. Erstaunlicherweise geht Mama trotzdem mit gemischten Gefühlen zurück ins Büro. Wenn Leute sie fragen, wie sie mit den Schuldgefühlen klarkommt, weil sie dich den ganzen Tag allein lässt, nimmt ihr Gesicht den traurigen, verlorenen Ausdruck von Claire Danes in *Homeland* an. Wenn sie in der Abstellkammer sitzt und zwischen Kopierpapier und Kanistern mit Reinigungsmitteln Milch abpumpt, vermisst sie dich unendlich (und dazu ihre Mittagsschläfchen, Jogginghosen und überhaupt die Freiheit, jederzeit zerrupft aussehen zu dürfen). Gleichzeitig ist sie stolz, ihre Familie finanziell unterstützen zu können. Außerdem liebt sie ihren Job. Niemand fragt Papa, wie er mit seinen Schuldgefühlen klarkommt. Er wird nur gefragt, wann er »babysitten« muss. Manche Mütter geben ja ihre tolle Karriere einschließlich Spesenkonto und Platin-Vielfliegerkarte auf, um sich daheim um Kinder und Haushalt zu kümmern. Diese Frauen sind durchgeknallt! Oder sie sind Heilige. Denn Daheimbleiben ist *anstrengend*. Andererseits hat man als berufstätige Mutter immer das Gefühl, man sollte gerade woanders sein. Au weia, Mama kommen schon wieder Tränen. Verdammt seist du, Claire Danes!

Zombie

(Nach dem Stillen um drei Uhr morgens und der Telefonkonferenz um sieben fühlen Sie sich wie einer.)

Zutaten

1,5 cl brauner Rum
1,5 cl Kirschbrandy
1,5 cl weißer Rum
9 cl Orangensaft
3 cl Zitronensaft
Spritzer Grenadine

Zubereitung

Alle Zutaten in einen Shaker mit Eis geben. Gut schütteln und in ein Glas abseihen. Nach einem langen Tag genießen, an dem man versucht hat, in allem perfekt zu sein, als Mama und im Büro.

Wie dringend Sie diesen Drink brauchen

54 Die Pumpe

Mama verbindet eine Hassliebe mit der Milchpumpe. Wie Mel Gibson in *Braveheart* verhilft die Pumpe zu »FREIIIIIHEIT!« Andererseits fühlt Mama sich wie eine Kuh an der Melkmaschine, die ihre Quote noch erfüllen muss, bevor sie – eher untypisch für eine Kuh – ins Büro eilt. Mama wird nie kapieren, warum es auf einer Seite sprudelt wie aus einer havarierten Ölplattform und aus der anderen nur traurig tröpfelt. Mama fürchtete ja, Papa würde jedes Interesse an Sex (mit ihr) verlieren, wenn er einmal ihre unter den durchsichtigen Saugnäpfen grotesk gedehnten Nippel gesehen hat, doch Papa versteckt sich ohnehin hinter seiner Zeitung und lässt sich vom »Mmmpfft, mmm-pfft« der Maschine gar nicht stören.

Aber Abpumpen daheim ist gar nichts im Vergleich zu Abpumpen im Büro. Nichts bringt eine Karriere schneller zum Stillstand, als wenn Mamas Boss ins Büro platzt, während ihre Brüste gerade an der Medela Platin Super Plus hängen. Dann spielt überhaupt keine Rolle mehr, wie fantastisch die Quartalszahlen sind. Der Mann wird diesen Moment nie wieder vergessen, und Mama sollte dringend ihr Xing-Profil aktualisieren. Aber trotzdem lohnt sich Abpumpen. Manchmal dauert es zwar zwanzig Minuten (in denen Mama ihre Freunde und Feinde auf Facebook stalkt), um 150 ml abzupumpen, aber nur dank der Pumpe kann Mama arbeiten gehen und dir trotzdem Muttermilch geben. Außerdem kann sie dank der Pumpe Alkohol trinken. Also wird Mama auch zukünftig den Rat der Black Eyed Peas befolgen: »Pump it«.

Braune Kuh

Zutaten
3 cl Kaffeelikör
12 cl Milch

Zubereitung
Auf Eis in einem Trog servieren.

Wie dringend Sie diesen Drink brauchen

55 Geschäftsreisen

Als würde Mama sich nicht schon schuldig genug fühlen, weil sie dich Tag für Tag verlässt, um ins Büro zu gehen, muss sie jetzt auch noch bei einer Konzerntochter in einer anderen Zeitzone nach dem Rechten sehen. Nach einem peinlichen Zwischenfall bei der Sicherheitskontrolle (»Ganz im Gegenteil! Die Milchpumpe soll Explosionen *verhindern*!«) gelangt sie schließlich an ihr Ziel – wo sie zwanghaft ihr Handy checkt, falls es daheim einen Notfall gibt. Auf einen Tag voller Besprechungen folgt ein informelles Abendessen, um wichtige Kunden zu umschmeicheln. Dabei möchte Mama nur noch Skype anwerfen und kritisieren, was Papa dir angezogen hat. (Bitte bloß nicht wieder diesen proletenhaften Adidas-Trainingsanzug!) Als sie endlich wieder ins Hotelzimmer kommt, lässt sie erst mal den Druck aus ihren Dolly Partons, die ihre Kollegen so bewundernd beäugt haben. Es schmerzt sie, das flüssige Gold ins Waschbecken laufen zu lassen, aber bekanntlich stellt Muttermilch in Mengen über neun Zentilitern eine tödliche Gefahr für den Luftverkehr dar und darf nicht mit ins Flugzeug. Am Flughafen kauft Mama eine Flasche Scotch, die Papa nach sechsunddreißig Stunden als alleinerziehender Vater dringend brauchen wird. Schon leichte Turbulenzen lassen in Mama Bilder hochsteigen, wie die Maschine in einem Feuerball vom Himmel fällt. Hastig kritzelt sie ein Testament auf die Rückseite ihrer Bordkarte. Als sie schließlich heimkommt, schläfst du friedlich in deinem Bettchen, und alle Gliedmaßen sind noch dran. Nur mit allergrößter Mühe kann Mama sich selbst davon abhalten, dich zu wecken. Dieses eine Mal hofft sie, dass du die Nacht nicht durchschläfst.

Über den Wolken

Zutaten

3 cl Wodka
Champagner
Spritzer Zuckersirup
3 cl Crème de Cassis
3 Himbeeren
Spritzer Zitrone

Zubereitung

Wodka, Champagner und Zuckersirup in ein Glas gießen. Darüber Crème de Cassis, Himbeeren und Zitrone geben. Mit einem Rühr-stab und einer Papierserviette servieren, während ein Kleinkind von hinten gegen Ihren Sitz tritt.

Wie dringend Sie diesen Drink brauchen

56 Mamas Garderobe

Mama gehörte nie zur modischen Avantgarde, doch seit deiner Geburt ist sie tief gesunken. In ihrem Kleiderschrank stapeln sich die Modesünden, etliche davon aus der Kollektion von Serientätern wie Laura Ashley. Am liebsten würde Mama den ganzen Krempel in die Kleidersammlung geben und mal richtig shoppen gehen, doch sie fühlt sich ja schon schuldig, wenn sie im Kaufhausschaufenster ein hübsches Kleid bewundert, wo sie doch besser die Nimm-2-zahl-1-Angebote im Klamotten-Discounter sondieren und sich um den undichten Keller kümmern sollte. Mama hat genau genommen null Zeit, neue Kleidung zu kaufen – außerdem würdest du sowieso jedem hübschen Stück sofort einen allzu persönlichen Touch verleihen, indem du draufkotzt, es mit Nutellafingern begrabschst oder dich mit deinem ganzen Gewicht dranhängst. Und, mal ganz ehrlich: Mama ist zwar nicht begeistert, Mode in Großen Größen einkaufen zu müssen, doch solange sie ihren Schwangerschaftsspeck nicht losgeworden ist, bleibt ihr nicht viel anderes übrig. An Wochenenden kann sie dauernd das gleiche Maxikleid aus dem Outlet tragen, doch unter der Woche erleben ihre Kollegen eine Modeshow à la »… und täglich grüßt das Murmeltier!«, wenn Mama ihre fünf einigermaßen ansehnlichen Büro-Outfits Woche für Woche in der immer gleichen Reihe durchwechselt, wie Wochentag-Unterwäsche. Apropos Unterwäsche: armer Papa. Mamas Unterwäscheschublade besteht nur noch aus zerschlissenem Zeug, mit einer Ausnahme: einem roten Stringtanga vom letzten Valentinstag, an dem noch das Preisschild hängt. Papa hat wenigstens noch Träume.

Supermodel-Albtraum

Zutaten
3 cl Irish Cream
3 cl Crème de Cacao

Zubereitung
Über eine Kugel (oder eine ganze Packung) Vanilleeis gießen.

Wie dringend Sie diesen Drink brauchen

57 Verfügbares Einkommen

Vor deiner Geburt verprassten Mama und Papa ihr Geld wie Vollidioten. Zwei Jobs, null Kinder – edle Restaurants, Urlaube in luxuriösen Resorts und ironische Hüte. Die Finanzkatastrophe begann, als Mama all den Krempel für dich kaufte, den du dann überhaupt nicht brauchtest, beispielsweise siebenundvierzig Bodys Größe fünfzig, aus denen du an deinem zweiten Tag schon herausgewachsen warst, oder alles was Fisher Price je erfunden hat. Und mit dem Beginn der Elternzeit wuchs das Haushaltsdefizit auf griechische Ausmaße. Plötzlich hatte Mama weniger verfügbares Einkommen als zu ihrer Zeit als Praktikantin, aber nicht mehr die geringste Lust, sich wochenlang von Dosenmais zu ernähren. Außerdem bekam sie damals wenigstens noch Drinks von (etwas unheimlichen) alten Knackern spendiert. Leider hat sich die Situation nur wenig gebessert, seit Mama wieder arbeiten geht, weil die Kinderbetreuung derart ins Geld geht. Wenn ein reicher Onkel ihr jetzt ein paar Millionen vermachen würde, könnte sie endlich mal das GOTTVERDAMMTE LECK IM KELLER dichten lassen. Oder sich zumindest eine anständige Hose ohne elastischen Bund kaufen.

Die Schuldenkrise

Zutaten

3 cl Melonenlikör
3 cl Zitronenwodka
9 cl Cranberrysaft
Spritzer Kokoswasser

Zubereitung

Einen Plastikbecher (wenn Sie ihn sich leisten können) mit Eis füllen.
Alle Zutaten hineingießen und umrühren.

Wie dringend Sie diesen Drink brauchen

58 Brunch

Singles gehen erst gegen Sonntagmittag zum Brunch, am Sonntagmorgen um neun ist das Restaurant fest in der Hand brüllender Kinder. Mama ist schon seit Stunden auf und könnte ein Pferd vertilgen. Sie ist froh, dass sie sich wegen dir nicht schämen muss, denn coole junge Leute, die euch schräg ansehen könnten, liegen um diese Zeit noch im Bett. (Die zwei etwas peinlich berührten Hipster in der Ecke zählen nicht; sie haben sich gestern in der Disco kennengelernt, die Nacht zusammen verbracht, und jetzt zermartern sich beide das Hirn, wie der andere noch mal hieß.)

Kein Mensch in diesem Raum hat einen Kater – außer dem kellnernden Studenten, der wirkt, als würde er sich am liebsten erschießen. Mama kann riechen, wie ihm der Alkohol aus allen Poren dringt. (Für einen Moment ist sie versucht, ihn am Arm zu lecken, nur um irgendwie an den Exzessen der gestrigen Nacht teilhaben zu können. Mann, sie muss wirklich mal wieder rauskommen.) Anfangs bist du ganz brav, als der ewige Student fragt, was denn Mamas Liebling gerne hätte. Doch noch bevor Mama einen Tropfen Koffein intus hat, wirfst du schon mit Reiscracker, zertrümmerst die Butterschale und setzt einen Mordsstinker in die Windel. Bis Mama diese Krise behoben hat, sind Essen und Kaffee kalt geworden. Müde hebt sie die Hand, um den Kellner herbeizuwinken. Sie bittet ihn um die Rechnung, in Wirklichkeit hätte sie aber gute Lust, sich seinen Selbstmordplänen anzuschließen.

Cooler Cappuccino

(Sie dürfen zwar nicht mehr bei den coolen Leuten sitzen,
aber wenigstens Ihr Lieblingsgetränk können Sie trinken.)

Zutaten

3 cl Wodka
1,5 cl Crème de Cacao
3 cl heißer Espresso
heiße geschäumte Milch
frisch geriebene Muskatnuss

Zubereitung

Wodka, Crème de Cacao, Espresso und geschäumte Milch in eine
Tasse gießen. Darüber einen Hauch Muskatnuss und Ironie.

Wie dringend Sie diesen Drink brauchen

59 Feiertage

Als wäre Elternsein nicht ohnehin schon ein Vollzeitjob, muss Mama jetzt zum ersten Mal in ihrem Leben Ostern, Fasching und Weihnachten ausrichten. Die Feiertage werden zwar aus deinem jungen Gedächtnis entschwunden sein, noch bevor die nächste Kreditkartenabrechnung kommt, doch das stört Mama nicht. Der alleinige Grund für diese wichtigen ersten Feiertage sind ohnehin die perfekten Fotos: Baby in rosa Häschenkostüm mit fluffigen Ohren. Baby als Spiderman neben Mama als Hexe. Diese Fotos bezahlt Mama mit Schweiß und Tränen. So wie dein »Babys erstes Weihnachten«-Foto: Mama hat das natürlich erst im letzten Moment erledigt, weshalb sie stundenlang Schlange stehen musste, um dich mit dem Einkaufscenter-Weihnachtsmann fotografieren zu lassen. Währenddessen hast du genüsslich das halbe Stoff-Rentiergeweih gefressen, das sie dir als Gag aufziehen wollte. Mama wusste zwar, dass du in deiner Fremdel-Phase warst, drückte dich aber trotzdem dem dicken Fremden mit dem weißen Bart in die Arme und war ganz erstaunt, als du anfingst, hysterisch zu heulen. Wenigstens gab's einen Mengenrabatt für die Fotos, zehn Bilder von einem knallroten Baby mit halbem Rentiergeweih auf dem Schoß vom erschrockenen Weihnachtsmann sind schließlich besser als eines! Nach weiteren Feiertagsalbträumen, Verwandtenbesuchen und den Kriegsschauplatz Spielwarenladen eingeschlossen, wünscht sich Mama nichts sehnlicher, als spontan nach Thailand abzuhauen. Früher ging es an Feiertagen darum, Onkel Karl mit Eierpunsch abzufüllen, auf der Betriebs-Weihnachtsfeier zu flirten und um den unmittelbar nach Neujahr einsetzenden Schlussverkauf. Jetzt geht es vor allem darum, dir Kindheitstraumata zu ersparen, unerwünschte Erziehungstipps der Verwandten zu überhören und gaaanz tief ein- und auszuatmen.

Ostereier-Punsch

(nicht mit rohen Eiern* und Alkohol geizen – außer, Sie sind wieder schwanger)

Zutaten

8 Eier
75 g Zucker
1 l Vollmilch
250 ml Konditorsahne (es geht auch weniger fette normale Schlagsahne)
250 ml Bourbon
1 EL Vanilleextrakt
viel frisch geriebene Muskatnuss

Zubereitung

Eier trennen und die Dotter verquirlen, bis sie hellgelb werden. Langsam ca. 65 Gramm Zucker untermischen und weiterquirlen, bis er sich komplett aufgelöst hat. Dann Milch, Sahne, Bourbon, Vanille und Muskatnuss dazugeben und verquirlen.
Das Eiweiß zu weichem Schnee schlagen. Die übrigen zehn Gramm Zucker langsam untermischen und dabei weiterquirlen, bis der Schnee ganz fest wird. Eierschaum unter die Eidottermischung heben. Gekühlt servieren.

Anmerkung

Reicht für acht Personen. Außer Onkel Karl ist da.

Wie dringend Sie diesen Drink brauchen

---

* Achtung, Spaßverderber: Auf »Vorschlag« unserer Anwälte warnen wir wegen des geringen Risikos von Salmonellen vor der Verwendung roher Eier.

60 Die Nanny

Mama ist ein bisschen in deine Nanny verknallt. Jetzt versteht sie, wie Jude Law schwach werden konnte. Diese wunderbare Frau kümmert sich nicht nur den ganzen Tag um dich, sie putzt nebenher auch das Haus, erledigt die Wäsche und kocht – eine Leistung, die Mama Papa gegenüber schon einmal als »übermenschlich« bezeichnet hat, gefolgt von der Aufforderung, sie nicht mit solchen Ansprüchen unter Druck zu setzen.

Die Nanny, beim Vorstellungsgespräch noch eine Fremde, gehört jetzt zu Mamas drei liebsten Menschen auf dieser Welt; häufig verdrängt sie sogar Papa vom zweiten Platz. Allerdings ist die Nanny auch daran schuld, wenn Mama und Papa später mal im Schuldturm landen, denn sie kostet ein Vermögen. Mama ist neidisch, dass die Nanny deine ersten Worte hören wird und dich zu Play Dates bringen, sprich in fremden Häusern herumschnüffeln darf. Mama würde gern den ganzen Tag mit dir verbringen, stattdessen sitzt sie in einem Marathon-Meeting zur Optimierung von Meetings. Obwohl Mama unendlich froh um diese Frau ist, die sich so wunderbar um dich kümmert: Beim ersten Anzeichen, dass du sie lieber magst als Mama, fliegt sie raus.

Bloody Mary Poppins

Zutaten

Zitronensaft
Selleriesalz
3 cl Wodka
9 cl Tomatensaft
Spritzer Worcestersauce
Prise Salz und frisch gemahlener Pfeffer
Tabascosauce
Selleriestange

Zubereitung

Den Rand eines Glases mit Zitronensaft benetzen und in Selleriesalz
tauchen. Eis in das Glas füllen. Wodka, Tomaten- und Zitronensaft
eingießen. Nach Geschmack mit Worcestersauce, Salz, Pfeffer und
Tabasco würzen. Mit einer Selleriestange garnieren. Hinterher einen
Löffel Zucker.

Wie dringend Sie diesen Drink brauchen

61 Papa

Oberflächlich betrachtet hat sich Papas Leben durch dich nicht besonders stark verändert. Ihm wurde bei der Geburt nicht der Penis aufgerissen, allerdings legte auch er sich während der Schwangerschaft einen kleinen Babybauch zu. Aus Empathie, wie er sagt. Mama nennt das »Ausrede für Extra-Döner«. Papa darf weiter Alkohol trinken, wann es ihm passt, ohne sich um einen Fötus sorgen zu müssen, der in ihm wächst oder darum, mit seinen Männer-Möpsen ein Baby zu stillen. Er musste seine Karriere nicht für eine »Eltern-frei-Zeit« unterbrechen, wie er es mal abschätzig nannte. (Er musste auf die harte Tour lernen, diesen »Witz« nie wieder zu machen.) Ihn fragt niemand, ob er Schuldgefühle hat, weil er dich den ganzen Tag allein lässt, um arbeiten zu gehen. Als Familienvater gilt er in der Firma sogar als solider und verlässlicher. Aber zugegeben, auch für Papa ist nicht alles eitel Sonnenschein und rosa Einhörner. Auch er muss scheiß früh aufstehen und sein Hobby-Raum ist jetzt dein Zimmer. Vorbei sind die Zeiten, als er an Dienstagen Champagner von Mamas nacktem Körper schlürfte. Jetzt muss er Mamas Wutausbrüche ertragen, weil er die Gabeln falsch herum ins Besteckfach gelegt hat. Mama kann sich glücklich schätzen, dass er nicht »Zigaretten holen« gegangen und auf Nimmerwiedersehen verschwunden ist. Mama sagt es vielleicht nicht oft genug, aber sie liebt Papa sehr.

Mann-hattan

Zutaten

5 cl Roggenwhisky
1,5 cl süßer Wermut
2 Spritzer Magenbitter
Kirsche

Zubereitung

Alle Zutaten mit Eis in einen Shaker geben. Gut schütteln und in ein Glas abseihen. Mit einer Kirsche garnieren. Papa servieren. Er hat ihn sich verdient.

Wie dringend Sie diesen Drink brauchen

62 »Wann kommt das Zweite?«

Deine Geburtsanzeige war kaum raus, da erkundigten sich die Leute schon, wann du ein kleines Geschwisterchen kriegen würdest. Nun, da dein erster Geburtstag naht, hört Mama die Frage praktisch jeden Tag. Und von allen Seiten: von den Schwiegereltern, von Kollegen und selbst von dem Typen, der hinter ihr in der Starbucks-Schlange steht. Fast immer folgt der unerbetene Vortrag über den richtigen Altersabstand bei Geschwistern. (Als letzte Wahrheiten zu diesem Thema werden glaubwürdige Quellen wie Tori Spellings Twitter-Feed zitiert.) Erstaunlicherweise wird Mama am häufigsten von anderen jungen Müttern danach gefragt. Aber nicht aus echtem Interesse an Mamas Leben, sondern als Hilfeschrei nach dem Motto: »Ich gehe jetzt noch mal durch die Hölle, dieses Mal mit einem Kleinkind im Schlepptau. Kommt jemand mit?« Schlimmer noch als direkte Fragen sind verstohlen prüfende Blicke auf Mamas Bauch und Alkoholkonsum. Also macht Mama eine große Show daraus, sich ein zweites Glas Chardonnay einzuschenken, das sie dann am nächsten Morgen bereut, wenn du um fünf Uhr aufwachst. Obwohl einige Mit-Teilnehmerinnen ihres Rückbildungskurses schon wieder stolz geschwollene Fußgelenke und Schwangerschaftsakne zur Schau stellen, ist Mama einfach noch nicht bereit dafür. Später …

One-Hit Wonder

Zutaten
3 cl Irish Cream

Zubereitung
Eis in ein kleines Glas füllen. Irish Cream eingießen und zu den flotten Klängen von Lou Bega (»Mambo No. 5«), Los del Rio (»Macarena«) und natürlich den Weather Girls (»It's raining men«) genießen.

Anmerkung
Der Erfinder des Mottos »je mehr, desto besser« hat sicher keine neun Monate Schwangerschaft durchgemacht.

Wie dringend Sie diesen Drink brauchen

63 Singles

Wenn Sie ausschlafen, zwanzig Euro für Zitronensalbei-Ravioli ausgeben, last minute in die Karibik jetten, Ihre Augenbrauen zupfen lassen, außer Senf und Stella Artois nichts im Kühlschrank haben, an Mittwochabenden um sechs zu Muay Thai-Yoga Fusion-Kursen gehen, Dinge wie »die neue Staffel von *Walking Dead* ist lahm und reicht nicht an die elegante Textur aus neoklassischen Themen in *Game of Thrones* heran« sagen oder schöne Dinge besitzen, sind Sie Single. Singles jammern ständig über ihr Single-Dasein. Mama nickt höflich, wenn unverheiratete Freundinnen über ihre Online-Dates klagen, über Verdauungsprobleme ihrer Katze oder die Endauswahl beim Tribeca Film Festival. Aber heimlich träumt Mama davon, wortwörtlich in die Haut ihrer Single-Freundinnen schlüpfen zu können, wie Hannibal Lecter in *Das Schweigen der Lämmer*. Singles pinkeln nicht, wenn sie niesen. Sie ahnen überhaupt nicht, wie gut es ihnen geht. Das gilt natürlich nicht für Singles, die Eltern sind. Die sind Helden und sollten sofort den Schlüssel zum städtischen Weinkeller bekommen.

Cosmopolitan

Zutaten

3 cl Mandarinenwodka
1,5 cl Kirschwodka
1,5 cl Cointreau
Spritzer Limettensaft
Spritzer Granatapfelsaft

Zubereitung

Alle Zutaten mit Eis in einen Shaker geben. Gut schütteln und in ein Glas abseihen.

Anmerkung

Der traditionelle Cosmo ist für Single-Frauen angesagt, aber dieses köstliche Getränk ist genau das Richtige für Sie.

Wie dringend Sie diesen Drink brauchen

64 Zeit fürs Bad

Früher fand Mama nichts entspannender als ein Vollbad. Badeschaum, Lavendelkerzen, dazu Sade – mehr brauchte sie nicht, um völlig runterzukommen. Jetzt stürzt sie beim Baden von einer Nervenkrise in die nächste – erfrierst du, ertrinkst du, erblindest du an Seife im Auge? Und da du neuerdings ständig aufzustehen versuchst, kommt noch die Angst dazu, dass du dir an der Armatur den Schädel spaltest. Mama weiß nicht genau, wer nach dem Baden durchnässter ist, du oder sie. Kürzlich musste Mama feststellen, dass eine seltsame Grimasse und verdächtig blubberndes Badewasser die ersten Vorboten eines Bades in deiner eigenen Kacke sind. Mama war schon ganz stolz auf sich, als sie es geschafft hatte, dir – zappelig und glitschig wie du warst – mit der Handbrause den Erbsenbrei von gestern wegzuspülen – da pieseltest du sie an.

Abfluss-frei

Zutaten

3 cl weißer Rum
3 cl Heidelbeerlikör
9 cl blaues Gatorade
Tiefkühl-Heidelbeeren

Zubereitung

Eis in ein Highball-Glas geben. Rum, Likör und Gatorade einfüllen und umrühren. Mit Heidelbeeren garnieren. Auf rutschfestem Untergrund genießen.

Wie dringend Sie diesen Drink brauchen

65 Ernährungsplan fürs Baby

Mama wusste gar nicht, wie gut sie es während deiner ersten Lebensmonate hatte. Damals musste sie nur entscheiden, ob sie dir zuerst die rechte oder die linke Brust gibt (und selbst dabei kam sie durcheinander). Dein Einstieg in die Welt richtiger Nahrung begann mit der Püree-Phase, in der Mamas Mixer bewies, dass er zu mehr taugte als zur Zubereitung von Margaritas. Leider hatte Mama ihre Symphonie aus Süßkartoffel, Banane und Erbsen genau in dem Moment perfektioniert, als du auf festere Nahrung umstiegst. Für Mama bedeutete das, sich den Heimlich-Handgriff für Babys noch einmal in Erinnerung zu bringen, sich auf neue Überraschungen in der Windel gefasst zu machen und selbst zu testen, ob die neue Mode, das Kind selber essen zu lassen, zu einer so unsäglichen Sauerei führen würde, wie sie befürchtete (Antwort: ja).

Mamas Traum, am Sonntagnachmittag liebevoll für die ganze Woche vorzukochen, erwies sich schon als Schimäre, bevor sie bei Google »Baby Essen« fertig eingetippt hatte. Im wirklichen Leben wird Babynahrung zubereitet, indem was auch immer an Obst und Gemüse noch vorrätig ist, in kindgerechte Stücke geschnitten, von denen die Hälfte am Ende auf dem Boden landet. Alle Ratgeber versprechen, dass sich die Situation in wenigen Monaten bessert, wenn du endlich alles essen kannst, was Mama isst. Leider ist es äußerst zweifelhaft, ob du der nächste Bill Gates wirst, wenn du dich ausschließlich von Tiefkühlpizza und Schokoriegeln ernährst. Und Mama verlässt sich darauf, dass du ihr den Traum von der Frührente ermöglichst.

Seufza Colada

Zutaten

3 cl weißer Rum
3 EL Kokosmilch
3 EL Ananasstücke
½ l Eis

Zubereitung

Den Mixer gründlich sauber machen und alle Zutaten hineingeben. Lassen Sie sich vom Mischgeräusch in die längst vergangenen Zeiten von All-inclusive-Reisen zurückversetzen, als Sie nichts anderes zu tun hatten, als über die Wahl Ihres Minikleids für die Schaumparty nachzudenken.

Wie dringend Sie diesen Drink brauchen

66 Du bist ein Haarzieher

Mama gehörte in der Mama-Gang der Nachbarschaft ohnehin nie so ganz dazu, nicht zuletzt wegen ihrer mittelmäßigen Backkünste und ihrer peinlichen Angewohnheit, dich den ganzen Tag im Schlafanzug rumlaufen zu lassen. Aber seit du den Spleen mit dem Haarziehen entwickelt hast, ist ihr Schicksal als Paria endgültig besiegelt. Leider bewirken Mamas verzweifelte »Ei, ei«-Rufe nur, dass du dein Opfer noch näher zu dir heranziehst, bis Mama gezwungen wird, dir die Finger aufzubiegen, dein Opfer beziehungsweise seine Mutter um Entschuldigung zu bitten und sich mit schamgebeugtem Haupt vom Acker zu machen. Mama dachte, wenigstens glatzköpfige Babys wären vor deiner eisernen Faust sicher, doch offenbar machst du keinen großen Unterschied zwischen Haaren und Kopfhaut. Schlimmer als das Trauma, das du deinen (Ex-)Spielkameraden zugefügt hast, ist nur die grässliche Erkenntnis, dass all deine zukünftigen Untaten auf Mama zurückfallen werden. Immer wird es heißen, Mama hätte bei der Erziehung etwas falsch gemacht. Schon beim Gedanken daran möchte Mama sich die Haare raufen.

Lonely Island

(ohne Alkohol)

Zutaten

6 cl Kokosmilch
6 cl Limettensaft
Sodawasser
Minzblätter

Zubereitung

Trösten Sie sich mit diesem vom Film *Cast away – Verschollen* inspirierten Cocktail über Ihre Baby-bedingte Vereinsamung hinweg. Eis in ein vorgekühltes Cocktailglas füllen. Kokosmilch und Limettensaft in einem Shaker mischen und in das Glas schütten. Mit Sodawasser auffüllen, umrühren und mit Minzblättern garnieren. Bieten Sie Ihrem Volleyball ruhig auch einen an. »Wilsonnnnnn!«

Wie dringend Sie diesen Drink brauchen

67 Fotografieren

Eines der ungeschriebenen Gesetze der Elternschaft lautet: »Du sollst das erste Lebensjahr deines Kindes vollständig digital aufzeichnen.« Für Mama und Papa bedeutet das, sie müssen ihre zehn Pfund schwere Canon EOS Unfassbar-wie-viel-die-gekostet-hat-wo-wir-doch-nur-mit-dem-Automatikmodus-fotografieren-Rebel T4i überallhin mitschleppen. Sie mussten auch mehrere externe Festplatten kaufen, um die 198.564 hoch-aufgelösten Fotos von dir zu speichern, die Mama irgendwann zwischen jetzt und ihrem Renteneintritt mal sortieren will. (Genau wie die Fotos von Mamas früherem Leben, mit unend-lichen Kombinationen von fröhlichen, knapp bekleideten Mä-dels und Prosecco-Flaschen.) In deinem ersten Monat reizte Mama den Überziehungskredit bis zum Limit aus, um die aller-besten Bilder (also alle) von dir auszudrucken. Aber Mama ist stolz darauf, der Versuchung widerstanden zu haben, zum professionellen Baby-Photoshooting zu gehen. Wenn Mama kurz vor dem Zubettgehen auf Facebook wieder einmal per-fekt ausgeleuchtete nackte Babys sieht, ist das jedes Mal Anlass für Albträume und rigorose Entfreundungs-Aktionen. Mama hat beschlossen, dich zum Schutz deiner Privatsphäre* ganz aus Facebook rauszuhalten. Darüber hinaus hätte sie eh keine Zeit für das massive Instagrammen, das heute offenbar für jedes anständige Facebook-Foto verlangt wird. Warum muss jedes Babyfoto aussehen, als wäre es 1977 aufgenommen wor-den? Immerhin, seit die Nachbearbeitung von Fotos allgemein

---

* Der wahre Grund: Auf Facebook tut Mama, als wäre sie dreiundzwanzig und Single.

akzeptiert zu sein scheint, kann Mama endlich ohne Gewissensbisse die schwarzen Ringe unter ihren Augen wegretuschieren und das Bild anschließend auf alt trimmen.

Süüüüüüüüüßer Schatz

Zutaten
Schokoladensirup
Butterkekskrümel
3 cl Marshmallow-Wodka
1,5 cl Schokoladenlikör
1,5 cl Irish Cream

Zubereitung
Den Rand eines Schnapsglases mit Schokoladensirup benetzen und in Kekskrümel tauchen. Wodka, Schokoladenlikör und Irish Cream in einen Shaker mit Eis gießen. Gut schütteln und in das Schnapsglas abseihen.

Wie dringend Sie diesen Drink brauchen

68 Beim Kinderarzt

Mama selbst war im vergangenen Jahrtausend zum letzten Mal beim Arzt. Aber mit dir dackelt sie alle paar Wochen zum Kinderarzt, wo sie sich jedes Mal ihren schlimmsten Ängsten stellen muss: der Angst vor Impfschäden und der vor dem Bakterienfilm auf dem Spielzeug im Wartezimmer. Auch das festgetackerte Stirnrunzeln der 25-jährigen Arzthelferin am Empfang jagt ihr Angst ein. Mama kann sich ehrlich keine körperlich und emotional anstrengendere Art vorstellen, einen Freitagvormittag zu verbringen. Dabei bekommt ja nicht *sie* eine Nadel in den Oberschenkel gerammt. Nach einer grässlichen Stunde im Wartezimmer (in der du kaum davon abzubringen warst, den Knirps mit dem fiesen Husten zu umarmen) ist Mama ein nervliches Wrack und erinnert sich an keine einzige der dringenden Fragen, die zu stellen sie sich vorgenommen hatte: Hätte sie den Giftnotruf anrufen sollen, als du letztens etwas von deinem Babyshampoo getrunken hattest? Kann das mit deinem Nobelpreis noch was werden, wenn du abends momentan nichts anderes isst als Käse? Aber ihren inneren Nerd kann Mama befriedigen, wenn Onkel Doktor deine Perzentilwerte für Größe und Gewicht notiert. Endlich zeigt das Füttern um drei Uhr morgens Wirkung!

Das Patentrezept

Zutaten

3 cl Wodka
12 cl Orangensaft
5 cl Dr Pepper

Zubereitung

Eis in ein Glas geben. Alle Zutaten eingießen und umrühren. Mit einem Apfel und der Lektüre von kinderärzte-im-netz.de zu sich nehmen.

Wie dringend Sie diesen Drink brauchen

69 Kindersicherungen

Mama versteht nicht ganz, wie sich ihr Zuhause über Nacht in Alcatraz verwandeln konnte. Wohin sie auch hinschaut, überall sind Riegel, Hürden, Sperren. Selbst der Toilettensitz ist mit einem massiven Schloss gesichert. Sie kann nirgendwohin gelangen, ohne sich einen Fingernagel zu ruinieren, einen Knöchel zu verstauchen oder vorher ein Anleitungsvideo auf YouTube angesehen zu haben. Der Preis für diese Umbauten nach Vorgaben von *CSI: Sesamstraße*? Mehrere hundert Euro Materialkosten und ein Wochenende Arbeit für die Installation. Was hat Mama sich nicht für Mühe gegeben, genau den richtigen Farbton für jedes Zimmer zu finden – und jetzt bohrt Papa überall hässliche Löcher in die passend gestrichenen Wände, um Babygitter anzubringen, die du in etwa drei Tagen sowieso überwinden wirst. Bis vor Kurzem hielt Mama alle Eltern, die ihr Heim derart absicherten, für grenzparanoid. Doch dann passte sie letzte Woche fünf Sekunden lang nicht auf und du warst schon die halbe Treppe hochgestiegen, und hattest eine Handvoll Münzen aus ihrem Geldbeutel im Mund. Sicherheit geht vor: 1, Mama: 0.

Trautes Stammheim

Zutaten

3 cl Southern Comfort
3 cl Amaretto
Spritzer Grenadine
12 cl Orangensaft

Zubereitung

Eis in ein Glas füllen. Southern Comfort, Amaretto und Grenadine
eingießen. Mit Orangensaft auffüllen und umrühren. Vom Leben in
Freiheit träumen.

Wie dringend Sie diesen Drink brauchen

70 Dein erster Geburtstag

Erwachsenengeburtstage werden ja meist sang- und klanglos abgehakt, nur alle zehn Jahre münden sie in einer Überdosis »witziger« Gratulationskarten, Ansprachen und Partys, nach denen die Hälfte der Gäste sich noch jahrelang für die entstandenen Facebook-Fotos schämt. Du hingegen musst jeden zweiten Sonntag dein Nachmittagsschläfchen ausfallen lassen, um Zeuge von Mamas Versuch zu werden, alle anderen Mamas auszustechen. Voller Panik beobachtet sie, wie schnell dein erster Geburtstag näher rückt. Pinterest ist dabei so gar keine Hilfe. Was soll Mama mit Anregungen wie: dreistöckige Prinzessinnen-Torten, Anleitungen, wie man in dreiundzwanzig Schritten »ganz einfach« tolle Geschenke für die Partygäste bastelt, und Links zu Websites, auf denen man ganz persönliche Einladungen designen kann – Lieferzeit vier Wochen? Da verlässt sie sich doch lieber auf die Schwäche deines einjährigen Gedächtnisses und schustert am Fotokiosk im Drogeriemarkt eine Einladungskarte zum Sofortdrucken zusammen, kauft dort gleich noch Girlanden und Luftballons und besorgt einen Kuchen im Supermarkt. Die Schmerzen, die Mama vor genau einem Jahr litt, waren nichts im Vergleich zu dem Kopfweh, das sie deiner ersten Geburtstagsfeier verdankt. Ein wildes Wolfsrudel (fünfzehn Kleinkinder samt Eltern) fällt ins Haus ein, und schicksalsergeben verabschiedet Mama sich von ihrem crèmeweißen Couchüberwurf und verflucht den Italiener, der entschieden hat, dass Pizzasoße rot sein muss. Angestrengt heuchelt Mama Begeisterung über jedes weitergeschenkte Exemplar der *Raupe Nimmersatt*. Und gegen Ende der Feier bist du so erschöpft, dass du zum ersten Mal seit Monaten in Mamas Armen einschläfst.

Während sie dich liebevoll ansieht, begreift Mama auf einmal, dass ihr kleines Baby jetzt kein Baby mehr ist. Und obwohl ihr innerer Putzteufel sie drängt, dich Papa in die Arme zu drücken und mit der Beseitigung der Wirbelsturmschäden zu beginnen, kuschelt Mama sich noch kurz in die Zuckerguss-bekleckerten Sofakissen und genießt diesen Augenblick ein wenig länger.

Konfetti-Cocktail
(ohne Alkohol)

Zutaten

12 cl Sauerkirschsaft
3 cl Mandelsirup
1 Apfel, geschält, entkernt, gewürfelt
1 Birne, geschält, entkernt, gewürfelt
1 Pfirsich, geschält, entsteint, gewürfelt

Zubereitung

Alle Zutaten mit Eis in einen Mixer geben und gründlich zerkleinern. In ein Glas gießen und innerlich Purzelbäume schlagen, weil Sie heute keine Wehen haben.

Wie dringend Sie diesen Drink brauchen

71 Abstillen

Die letzte Folge der Drama-Serie *Mama macht muh!* endet damit, dass du abgestillt wirst. Mit diesem Vorgang teilt das Universum Mama offiziell mit, dass die Party vorbei ist: »Zeit, die Riesenbrüste zurückzugeben, die Sie nur zur Ansicht hatten. Zum Ausgleich können Sie Ihre Periode wiederhaben.« Als wäre es nicht Strafe genug, wieder zu Körbchengröße B degradiert zu werden, muss Mama sich auch mit der Tatsache abfinden, dass die Nummer »Kannst du mir ein viergängiges Mahl kochen? Ich würde es ja selbst machen, aber ich muss das Baby stillen« nicht mehr läuft. Also zurück zum Klassiker: »Kannst du mir ein viergängiges Mahl kochen? Ich würde es ja selbst machen, aber ich habe Krämpfe, du weißt schon.« Gottlob haben Männer keine Ahnung von Menstruationsbeschwerden. Mama freut sich zwar darauf, ihre Still-BHs zu verbrennen, doch das Stillen vermisst sie schon jetzt. Schließlich war es das Einzige, was allein sie mit dir teilen konnte. Mama nimmt sich fest vor, nie wieder schlecht über Mütter zu denken, die ihre schulpflichtigen Kinder noch stillen. Schwestern, haltet die Party und die Milch am Laufen!

Mad Cow

Schokoladensirup
1,5 cl Kaffeelikör
1,5 cl Haselnusslikör
1,5 cl Wodka
1,5 cl Irish Cream
9 cl Milch
geschlagene Sahne

Zubereitung

Den Rand eines Glases mit Schokoladensirup benetzen. Kaffee-, Haselnusslikör, Wodka, Irish Cream und Milch mit Eis in einen Shaker geben. Gut schütteln und in das Glas abseihen. Eine Haube Schlagsahne darübermachen. Dann die Schlagsahne wieder wegnehmen, weil Sie keine fünfhundert Kalorien mehr am Tag in Milchform abgeben. Wütendes »Muh!«.

Wie dringend Sie diesen Drink brauchen

72 Dein erster Haarschnitt

Inzwischen ist dringend dein erster Haarschnitt fällig. Mama schiebt diesen großen Tag schon eine Weile vor sich her, aber nicht, weil sie dich als Versuchskarnickel für ein Geschlechterrollen-Experiment missbrauchen wollte. (Nicht, dass daran etwas Schlechtes wäre.) (Doch, eigentlich schon.) Nein, sie hat nur angesichts der aggressiven (und wirkungsvollen) Werbung der Babybranche das Gefühl, mit einem Tattoo »Dies ist mein erstes Kind, ich zahle jeden Preis« auf der Stirn herumzulaufen. Mama wollte den Job schon selbst erledigen, aber Papa wandte ein, jemandem, der seine eigenen Augenbrauen von jemand anderem in Schuss halten lasse, sollte man lieber nicht Schere und Babykopf anvertrauen. Und so bringt dich Mama dann doch zum Baby-Stylisten. Dort zahlt man zwar deutlich mehr als bei Chantal's Frisierstube, einen Wickeltisch sucht man aber dennoch vergeblich (!). Nachdem Mama dich auf ihren Oberschenkeln gewickelt und dabei ihre nicht saubere Hose ruiniert hat, fragt sie den Stylisten, wo sie die gebrauchte Windel entsorgen kann. Und erntet einen Blick, als hätte sie ihn gebeten, sich den heißen Stoff unter sein Piratenkopftuch zu schmieren. Wenigstens bekommt Mama am Schluss ein Foto (auf dem du weinst) und ein Diplom (»Ersten Haarschnitt mit Auszeichnung bestanden«). Beides bekommt einen Ehrenplatz im »Schaut, was für tolle Eltern wir sind«-Album, das du dir an deinem dreizehnten Geburtstag zwangsweise ansehen musst. Ironie des Schicksals: Zu dem Zeitpunkt wird Mama dich vermutlich beknien, dir doch endlich mal wieder die Haare schneiden zu lassen.

Ironie-Cocktail

Zutaten

3 cl Granatapfellikör
6 cl Orangensaft
9 cl Sekt
Orangenzeste

Zubereitung

Granatapfellikör, Orangensaft und Sekt in eine Champagnerflöte gießen. Mit der Orangenzeste garnieren und auf Alanis Morissette anstoßen, die sich ganz ironiefrei ihre hüftlangen Haare absäbelte.

Wie dringend Sie diesen Drink brauchen

73 Trinklerntassen

Früher glaubte Mama, die größten erzieherischen Schwierigkeiten würden bei ernsthaften, wichtigen Themen auftreten (z. B. dir ein Gewissen zu verpassen oder dich von einer Karriere als Künstler abzuhalten). Doch wie sie feststellen musste, ist ihre schwierigste Aufgabe als Mutter, eine Trinklerntasse zu finden, die tatsächlich funktioniert. Jedes einzelne der fünfzehn Modelle, die Mama gekauft hat, führt zum gleichen Ergebnis: Dein »Papa ist der Beste«-Body ist tropfnass und du malst mit den Fingern in einer fünf Euro teuren Biomilchpfütze herum. Dafür, dass die Tassen sämtlich nicht funktionieren, sind sie wirklich unglaublich kompliziert konstruiert. In der Zeit, die Mama aufwenden musste, um die Küche nach fehlenden Schläuchen, Deckeln oder Ventilen zu durchstöbern, hätte sie dir auch Quantenphysik beibringen können. Dabei interessieren dich bis heute nur zweierlei Sorten von Tassen: Zarte Erbstücke aus teurem Porzellan und mit brühheißem Kaffee gefüllte und die den schmutzigen Händen grausam erkälteter Kleinkinder im Park entrissenen Trinklerntassen. Mama braucht jetzt ihr Fläschchen, aber flott.

Erwachsenen-Fläschchen

Zutaten

3 cl schwarzer Rum
1,5 cl Kokoslikör
1,5 cl Kaffeelikör
3 cl Zitronensaft
12 cl Ananassaft

Zubereitung

Rum, Kokos-, Kaffeelikör, Zitronen- und Ananassaft mit Eis in einen Shaker geben. Gut schütteln und in der Trinkflasche der Natur servieren: einer Kokosnussschale.

Wie dringend Sie diesen Drink brauchen

74 Elektronisches Spielzeug

Wenn deine aktuelle Begeisterung für Elektronik später mal in eine Karriere als Ingenieur mündet, unterstützt Mama dich hundertprozentig darin. Und ja, sie ist dir sehr dankbar dafür, dass du dabei geholfen hast, neunzig Prozent aller Funktionen in ihrem iPhone zu entdecken. Doch was wird nur aus dem pädagogisch wertvollen Holzspielzeug, das sich auf dem Wohnzimmerboden türmt? Nichts, denn Spielzeug muss für dich momentan mindestens zwei der folgenden Kriterien erfüllen:

1. Hat zahllose Knöpfe, die man pausenlos drücken kann.
2. Wenn es kaputtgeht, droht Mama in der Firma rauszufliegen bzw. die Reparatur kostet ein Vermögen.
3. Geht kaputt, wenn man es in die Toilette wirft.

Mama glaubte, das Richtige zu tun, als sie ein Plastiktelefon kaufte, um dich von ihrem Smartphone abzulenken. Doch glaubt man den Medien, hätte sie lieber angemessene Apps für dich kaufen sollen. Denn wie sonst sollst du noch vor deinem zweiten Geburtstag chinesisch lernen, dich über die sozioökonomischen Verhältnisse in Sierra Leone auf dem Laufenden halten und bei Angry Birds den Chrome Dimension-Level erreichen? Ehrlich gesagt, findet Mama es ein wenig irritierend, dass du dich schon jetzt besser mit Technik auskennst als sie. Mama fürchtet, dass du und deine Altersgenossen ihre Generation um das Jahr 2029 herum überflüssig machen werdet.

Cremiger Karamell-Appletini

Zutaten

3 cl Karamell-Irish Cream
1,5 cl Apfelwodka
1,5 cl Apfellikör
Apfelscheibe
Karamellsoße

Zubereitung

Irish Cream, Wodka und Likör in einen Shaker mit Eis geben. Gut schütteln und in ein Martiniglas abseihen. Mit einer Apfelscheibe garnieren und mit Karamellsoße besprenkeln. Mach dir einen Martini, wenn das Leben dir einen Apple mit Toilettenwasserschaden beschert.

Wie dringend Sie diesen Drink brauchen

75 Zahnen

Zahnen die »Du-kommst-aus-dem-Gefängnis-frei«-Karte für Babys. Du wachst um Mitternacht, zwei und fünf Uhr auf, obwohl du eigentlich endlich durchschläfst? *Das müssen die Zähne sein.* Du beißt Sofia im Schwimmunterricht in den Finger? *Das müssen die Zähne sein.* Übler Fall von Baby-PMS? *Das müssen die Zähne sein.* Wenn du bei all diesen Gelegenheiten tatsächlich einen Zahn bekommen hättest, könntest du mit dem Jackpot, der in sechs Jahren bei der Zahnfee auf dich wartet, eine neue Familienkutsche kaufen. Mama würde sich nur wünschen, die Sache wäre tatsächlich ausgestanden, wenn die blinkenden neuen Zähnchen endlich draußen sind. Doch obwohl sie nur Platzhalter sind, müssen sie dennoch geputzt werden, ein Drama, das etwa so abläuft: Mama nähert sich mit der Piraten-Zahnbürste. Du und Mama zerrt an ihr herum. Mama gewinnt, weil sie größer ist. Mama versucht, deinen Mund lang genug aufzuhalten, bis sie wenigstens einmal über deine Kauleisten gefahren ist. Du brüllst wie am Spieß. Mama verliert, weil sie Kopfweh bekommt. Du leckst das flourfreie Bioerdbeerzahnputzgel von der Bürste und wirfst sie hinter die Toilettenschüssel. Mama gibt auf und setzt das Thema »Babyzahnfleischentzündung« auf die endlos lange Liste von Dingen, über die sie nachts schlaflos grübeln kann.

Strahlend weißes Grinsen

Zutaten

3 cl Wodka
3 cl weiße Crème de Cacao
9 cl Milch

Zubereitung

Alle Zutaten in einen Shaker mit Eis geben. Gut schütteln und in ein großes Glas abseihen.

Anmerkung

Wenigstens Ihr Drink ist strahlend weiß, auch wenn die Zähne Ihres Babys es nicht mehr sind.

Wie dringend Sie diesen Drink brauchen

76 Bilderbücher

Wenn Mama noch ein einziges Mal die *Kleine Ente Nelli* vorlesen muss, dreht sie durch. Früher hat sie Romane von Jonathan Franzen und Biografien über Steve Jobs gelesen, jetzt verfolgt sie mit dir die Abenteuer von Bobo Siebenschläfer. Sie fragt sich, wie sie da wieder aus der Stilldemenz finden soll. Manche Bilderbücher haben nicht mal eine Geschichte. Oder Text! Nur Fotos von Tieren und Babys. Wie findet man für so was einen Verleger? Spaziert man bei Random House hinein und sagt: »Sorry Leute, den Vorschuss für meinen Roman habe ich für Kokain verbraten. Aber wie wär's mit diesen urheberrechtsfreien Bildern, die ich im Internet gefunden habe?« Um die Sache ein bisschen zu beleben, weicht Mama vom Originaltext ab, in der Hoffnung, dass du es nicht bemerkst. So kann sie sich wenigstens eine Zeit lang amüsieren und Rollenklischees von holden Prinzessinnen und edlen Prinzen unterlaufen, aber die Phase ist nur kurz: Schon bald wirst du zum Text-Taliban und jedes Mal »nein!« krähen, wenn Mama auch nur »blöd« statt »dumm« vorliest. Die Zeiten, in denen Mama Rapunzel eine Affäre mit dem Briefträger andichten oder den Prinzen reden lassen konnte wie Forrest Gump, sind dann vorbei. Mama weiß natürlich, dass die Zeit naht, in der Mama als Vorleserin abgemeldet und durch eine CD ersetzt wird. Die dann läuft und läuft und läuft …

Märchen mit Schuss

Zutaten

3 cl Canadian Club Whisky
3 cl Pfirsichlikör
8 cl Cola
Spritzer Limettensaft

Zubereitung

Eis in ein Glas füllen. Alle Zutaten eingießen und umrühren. Auf einem
Bilderbuch servieren – als Untersetzer sind die Dinger super.

Wie dringend Sie diesen Drink brauchen

77 Im Supermarkt

Lebensmittel einkaufen, das hieß früher, im Delikatess-Super-markt die Regale entlangzuschlendern, Bio-Hanfsamen-Voll-kornkekse zu kaufen, kalt gepresstes extra natives Olivenöl zu probieren und hinterher einen frischen Rote-Bete-Frappé zu schlürfen. Seit deiner Geburt allerdings muss Mama beim Dis-counter einkaufen, und jeder Besuch dort mit dir im Schlepp-tau strapaziert ihre Nerven aufs Äußerste. Oh oh! Deine Win-deln gehen aus, und der Kühlschrank ist bis auf eine schlaffe Zucchini völlig leer. Also muss Mama dich ins Auto packen und tief durchatmen. Vorbei die Zeiten, in denen Mama sorgfältig die Inhaltsstoffe der sechs verschiedenen Salsas in der Tex-Mex-Abteilung kontrollierte und Kilopreise verglich. Jetzt sprintet sie mit dem Einkaufswagen die Gänge entlang und hofft, alles zusammenzubekommen, bevor du einen Anfall kriegst und/oder einen Karton Eier auf den Boden wirfst. Mama ist es un-endlich peinlich, einen Rock vom Discounter zu besitzen, aber der Klamottentisch ist gleich neben den Windeln, und ihre fünf Büro-tauglichen Outfits lösen sich langsam in ihre Be-standteile auf. Hey, cool! Das Fach in Mamis Geldbörse, wo sie früher die Kassenzettel für hübsche, zerbrechliche Dinge verwahrte, steckt jetzt voller Rabatthefte und Gutscheine für Feuchttücher. Als Beweis für Mamas bedingungslose Hingabe an deinen Schlafrhythmus stellt sie einen (dringend benötig-ten) Deostick wieder zurück ins Regal, um durch die Express-kasse zu dürfen. Leider schläfst du auf dem Heimweg im Auto ein, sodass Mama zwei Stunden in der Gegend herumfahren muss, während das gerade eingekaufte Eis leise vor sich hin schmilzt.

Amazonade

Zutaten

3 cl Wodka
12 cl selbst gemachte rosafarbene Limonade
Zitronenscheibe

Zubereitung

Eis in ein Glas geben, Wodka einfüllen, Limonade darübergießen und mit Zitronenscheibe garnieren. Es wird Zeit, sich aufs online einkaufen zu konzentrieren.

Wie dringend Sie diesen Drink brauchen

78 Homeoffice

Manchmal steht der Keller unter Wasser oder die Nanny ist krank, und dann muss Mama von zu Hause arbeiten. Typischerweise geschieht das genau an den Tagen, an denen sie dringend im Büro sein sollte. Du spielst zufrieden auf dem Boden, deshalb organisiert Mama eine Telefonkonferenz.

Mama: Vielen Dank an alle, dass Sie Zeit für diese Besprechung fanden. Wie Sie auf Folie vier ...
Du: BABUBU BABUBU GLALAAA
Kunde: Ist das der Feueralarm?
Typ aus der Buchhaltung: Ich glaube, da stirbt eine Katze.

Mama lässt dich auf ihrem iPad Sesamstraße gucken, auch wenn du davon vielleicht Epilepsie bekommst, verliert aber den Faden, weil sie ihre PowerPoint-Folien nicht mehr sehen kann.

Mama: Wie auf Folie sechs zu sehen ist ...
Kunde: Was war jetzt mit Folie vier?

Du verschüttest Biomilch über Mamas Laptop. Ein Sad-Mac-Gesicht erscheint.

Macbook Air: BLIIIIIIIIIRRRRR!
Du: BLIIIIIIIRRRRR!
Typ aus der Buchhaltung: Im Ernst, geht es der Katze gut?

Mama will die Stumm-Taste drücken, hängt aber versehentlich auf. Jetzt findet sie das Passwort nicht mehr, weil du den Zettel, auf dem es notiert war, aufgegessen hast. Als sie sich endlich wieder einwählt, hat sie keine Ahnung mehr, worüber die Leute reden. Wahrscheinlich über sie.

Kunde: ... den unnützen Ballast loswerden, dann sieht alles toll aus. Was finden Sie?

Mama: Nun ... (verdammt!) ... Lassen Sie doch im Team Prozesse aufsetzen, um performante Lösungen zu replizieren. (Klingt, als hätte Mama alles unter Kontrolle, oder?)

Totenstille

Du: PPPPFFFTTTWRRRAAAPPPFFFTTTTT!

Glücklicherweise endet die Konferenz, weil einer der Teilnehmer wegmuss. Der Inhalt deiner Windel ist über das ganze Sofa ausgelaufen. Trotzdem legt Mama sich drauf. Später nimmst du Mamas Firmen-Blackberry und wirfst ihn in die Toilette. Ein schönes Bild dafür, wie sich Mamas Karriere entwickelt.

Der Karriereselbstmord

Zutaten

3 cl Malibu-Rum
3 cl Tequila
9 cl Sprite
Spritzer Orangensaft
Spritzer Grenadine

Zubereitung

Alle Zutaten mit Eis in ein Glas geben und umrühren. Genießen, während man auf *monster.de* surft.

Wie dringend Sie diesen Drink brauchen

🍼🍼🍼🍼

79 Neun Uhr abends

Früher war 21 Uhr die Zeit, für die man einen Restauranttisch reservierte. Jetzt ist es Schlafenszeit. Bis du dein Brokkoli-Möhren-Biorind-Gläschen erst einmal aufgegessen hast, Mama die Brokkoli-Möhren-etc-Reste von der Wand gekratzt und dich ins Bett gebracht hat, bleiben ihr genau noch 23 Minuten, um den Kühlschrank zu plündern und Himbeerjoghurt und eine halbe Banane vor *X Factor* herunterzuschlingen, bevor sie mit ihren mit Brokkoli-etc-Pampe verklebten Haaren ins Koma fällt. Wenn man früher um zwei Uhr morgens wach war, hieß das, dass man eine tolle Nacht hatte. Jetzt zeugt es von einer sehr, sehr schlechten Nacht. Es bedeutet, dass Mama auch um drei, um vier und um sechs (und dann endgültig) wach sein wird. Diese Zeiten waren früher dafür da, mit dem Barmann zu flirten, um Gratisdrinks aus ihm rauszuleiern, und für erotische SMS an ihren Notfallkandidaten. Jetzt betet Mama um diese Zeit nur noch, dass du wieder einschläfst, und tauscht sich auf WhatsApp mit anderen schlaflosen Müttern über »unfehlbare« Einschlafmethoden und Papas Fähigkeit, trotz des Radaus durchzuschlafen, aus. Manchmal, wenn Mama gerade für den vierten extragroßen Kaffee des Tages ansteht, hört sie eine Mittzwanzigerin in der Schlange darüber jammern, sie sei »sooo fertig«. Als Mama noch Single war, war mit »sooo fertig« ein allgemeiner Zustand des genervt Seins von engen Jeans und Dates mit Typen mit ironischen Bärten gemeint. Diese Art Erschöpfung vermisst Mama.

After Eight

Zutaten

3 cl weiße Crème de Cacao
3 cl Crème de Menthe
Spritzer Milch

Zubereitung

Eis in ein Glas geben. Alle Zutaten eingießen und umrühren. Nach 20, aber vor 21 Uhr genießen, sonst sind Sie am nächsten Tag ein über- nächtigter Gremlin.

Wie dringend Sie diesen Drink brauchen

80 Der Fitnessclub

In einem Augenblick postpartaler Schwäche ließ Mama sich von der Reklametafel des örtlichen Fitnessclubs verführen, der mit niedrigen Monatsgebühren und – jaaaa! – kostenloser Kinderbetreuung warb (die dann so aussah: betreut von einer übermüdeten Russin, toben achtunddreißig Kinder in einem Raum herum, der kleiner, heißer und bakterienverseuchter ist als die Sauna). Bei genauerem Durchlesen des Kleingedruckten stellte sich heraus, dass Mama für ein Gratis-T-Shirt praktisch Haus und Hof überschrieben hatte. Trotzdem war sie bereit, über die zweifelhaften Geschäftspraktiken des Clubs hinwegzusehen, wenn sie nur so einen Körper bekäme, wie auf dem Werbeflyer abgebildet. Sprung zurück in die Gegenwart. Seit deiner Geburt ist Mama genau zwei Mal trainieren gegangen, und das Einzige, was sie am nächsten Tag mehr schmerzte als Treppensteigen, war die Erkenntnis, dass jeder Besuch sie 612 Euro gekostet hatte. Mama weiß, dass sie ihren Lebensabend vielleicht auf Bali verbringen könnte, wenn sie das Geld in eine Rente stecken würde. Doch sie fürchtet, wenn sie das Fitness-Handtuch wirft, könnte das der Anfang einer Abwärtsspirale sein, die via Discountfriseur direkt in den Abgrund und zum Tragen von Crocs führt. Ja, Mama ist erschöpft, hat keine Freizeit mehr, und eine *InStyle* hat sie seit ihrem ersten Ultraschall nicht mehr in der Hand gehabt. Doch ihre jährliche Spende an das Fitnessstudio betrachtet sie als den Preis, den sie dafür bezahlen muss, den Traum von steinharten Bauchmuskeln lebendig zu halten. Also knebelt Mama ihren inneren Geizhals und träumt weiter, verdammt!

Sixpack Clausthaler

(ohne Alkohol)

Anmerkung

Alkoholfreies Bier hat weniger Kalorien – und man braucht zum Trinken kein Abo.

Wie dringend Sie diesen Drink brauchen

81 Erste Schritte

Mama hat sämtliche Folgen von *Full House* gesehen und weiß, dass Babys erste Schritte natürlich auf Film festgehalten werden müssen. Damals, 1994, brauchte man dafür noch einen riesigen Camcorder; den Soundtrack lieferte Onkel Jesse. Heute werden solche Meilensteine mit einem aufwendig geschnittenen iMovie, unterlegt mit Mumford & Sons, gefeiert. Mamas Brust schwoll vor Stolz, als du deine ersten wackligen Schritte machtest. Inzwischen ist der Stolz der Angst gewichen. Vorbei die Zeiten, da sie dich auf deiner Krabbeldecke parken konnte, während sie das Abendessen »kochte« (sprich: Tiefkühlpizza in den Ofen schob). Seit du laufen kannst, erreichst du jede Gefahrenquelle in Rekordgeschwindigkeit. Gäbe es einen Laufgurt (klingt doch besser als »Babyleine«) von Hermès, würde Mama einen kaufen, aber diese grässlichen Nylon-Modelle, die so angeboten werden, kann sie dir einfach nicht zumuten. Mama fürchtet schon, dass jemand das Jugendamt anruft, wegen der vielen blauen Flecken von deinen Stürzen. Jetzt, da du laufen kannst, gehört es auch zu deinen Lieblingsbeschäftigungen, in alle Schubladen hineinzusehen, ob nicht etwas drin ist, mit dem man sich erstechen oder ersticken kann. Wenn du später im Teenageralter drohst, dich umzubringen, wenn du nicht bis 23 Uhr wegbleiben darfst, weiß Mama, dass du mindestens fünfundvierzig Methoden beherrschst, diese Drohung auch umzusetzen.

Walk 'n' Roll

Zutaten

3 cl Johnnie Walker
6 cl selbst gemachte Limonade
6 cl Red Bull
Limettenscheibe

Zubereitung

Zum Kühlschrank gehen, nicht rennen, und Eis in ein Glas füllen.
Whisky, Limonade und Red Bull eingießen. Mit einer Limettenscheibe
garnieren.

Wie dringend Sie diesen Drink brauchen

82 »Atmet das Baby noch?«

Es dauert fünfundvierzig Minuten, bis du endlich einschläfst. Es dauert fünfundvierzig Sekunden, bis Mama denkt, dass irgendetwas nicht stimmt.

Mama: Glaubst du, dem Baby geht es gut?
Papa: Ja. Geh nicht nachsehen. Im Ernst. Können wir jetzt bitte einfach *Duck Dynasty* anschauen?

Papa versteht Mamas Intuition einfach nicht, er nennt sie »Wahnsinn«. Sie verspricht, nur an deiner Tür zu lauschen, aber natürlich schleicht sie doch in dein Zimmer. Wegen der Verdunkelungsvorhänge kann Mama nicht erkennen, ob sich deine Brust hebt und senkt. Ebenso wenig sieht sie den Legostein am Boden, auf den sie mit bloßem Fuß tritt. Mama schreit innerlich und schafft es wie durch ein Wunder, dich nicht zu wecken. Da Mama blind wie ein Maulwurf ist, versucht sie, dich atmen zu hören. Leider überdecken die Walgeräusche, die das Stofflamm von sich gibt (warum auch immer), jedes Schnarchen. Statt das Orca-Schaf leiser zu machen, flippt Mama aus und verfällt in Panik. Sie hebt dich sofort hoch und brüllt deinen Namen. Worauf du sofort klarstellst, dass du sehr wohl lebst, und wie am Spieß brüllst. Es ist ja auch entsetzlich, von einer Verrückten aus süßem Schlummer gerissen zu werden. Na toll! Jetzt dauert es mindestens wieder eine Stunde, bis du schläfst, und Mama wird nie erfahren, was diese verdammte *Duck Dynasty* eigentlich ist. Trotzdem wird sie diesen Vorgang wiederholen, bis du ausziehst. Und dann wird sie jede verfügbare Technik einsetzen, um dich am College zu blamieren und sicherzustellen, dass du in Sicherheit bist.

Big Mama Is Watching You

Zutaten

3 cl Wodka
1,5 cl Curaçao Triple Sec
3 cl Granatapfelsaft
Spritzer Limettensaft
Orangenzeste

Zubereitung

Eis in ein Glas geben. Wodka, Curaçao, Granatapfel- und Limetten-saft eingießen und umrühren. Mit der Orangenzeste garnieren.

Anmerkung

Passt wunderbar zu einem modernen Babyphon mit Kamera, inklu-sive Nachtsichtfunktion und regelmäßigem Fehlalarm, der Ihnen jedes Mal eine Mini-Herzattacke beschert.

Wie dringend Sie diesen Drink brauchen

83 Der Spielplatz

Wenn Mama den Kinderwagen mit so viel Krempel belädt, dass man sie für eine fliegende Spielzeughändlerin hält, dann geht es zum Spielplatz. Mama hat zwar gesunde Biosnacks dabei, doch Sand schmeckt dir besser. Mmmm, mit einem Abgang von Katzenpisse. Außerdem hat Mama deine Mütze vergessen, und das GEHT GAR NICHT! Da könnte sie dich auch gleich nackt in einen Schneesturm schicken. Auf dem Spielplatz wird jeder noch so kleine Fehler registriert. Umringt von Super-Müttern und einer Horde Au-pair-Mädchen, die ganz offen auf Russisch über Mamas Unzulänglichkeiten tratschen, fühlt Mama sich wie in *1984*. Trotzdem geht sie tagein, tagaus zum Spielplatz, weil es hier viele andere Kinder gibt, mit denen du spielen / bei denen du dich anstecken kannst. Zum Beispiel den Schnuller-Terroristen. Mama bemüht sich um Ruhe, während er dich schubst, dein Eimerchen klaut und kurz davor zu sein scheint, dir mit einer Schaufel das Auge auszustechen. Wer passt eigentlich auf dieses Kind auf? Ach so, der Wochenendpapa, der gerade in seinen SMS-Austausch mit der Eroberung von letzter Nacht vertieft ist. Mama beschließt, den Schnuller-Terroristen gewähren zu lassen. Der Arme, in einem Dutzend Jahre wird er von Selbsthass (und Medikamenten) erfüllt sein. Inzwischen tut Mama was für ihre Fitness: Sie hebt dich die Rutsche hoch, reißt dich im letzten Augenblick aus der Bahn der Schaukeln und fängt dich auf, wenn du die Stufen des Spielplatzes herunterfällst. Wenigstens fühlt sie sich nicht mehr schuldig, weil sie nie ins Fitnessstudio geht. Apropos Fitness. Wochenendpapa macht jetzt am Klettergestell Klimmzüge, um die umherstehenden Mütter zu beeindrucken. Vielleicht sollte er sich mehr

178

um seinen Sohnemann als um die flotten Enddreißigerinnen auf dem Spielplatz kümmern, denn der Kleine zielt gerade mit einer Riesen-Spritzpistole auf ein schlafendes Neugeborenes. In solchen Momenten möchte Mama dich auf eine einsame Insel verfrachten und fernab der bösen Menschheit aufziehen.

WIIIILSOOOON!

Sandkastenfeinde

Zutaten
8 cl Zitronensaft
2 TL brauner Zucker
3 cl weißer Rum
Basilikumblätter

Zubereitung
Den Rand eines Glases mit Zitronensaft benetzen und in Zucker – oder Sand, der sich überall im Haus verteilt hat – tauchen. Eis in das Glas geben. Rum, restlichen Zitronensaft und Zucker hineingeben und umrühren. Mit Basilikum garnieren.

Wie dringend Sie diesen Drink brauchen

84 Altern in Zeitraffer

Viele Jahre schien es, als könne das Alter Mama nichts anhaben. Ihr war ewige Jugend verliehen, wie Batman oder Tick, Trick und Track, und wenn sie sich (bei abgedimmtem Licht) im Badezimmerspiegel betrachtete, erkannte sie keinen Unterschied zu damals, als sie noch ein Teenager war (abgesehen von den Spuren von Selbstbräunungscreme und den diversen Modesünden). Doch in den letzten Monaten verbraucht sie derartige Mengen von Concealer für ihre Augenringe, dass ihr ganz schlecht wird. Glücklicherweise altert auch Papa in Zeitraffer. Auf den letzten Familienbildern sah er aus wie Nick Nolte auf dem Polizeifoto von seiner Verhaftung. Wenn Mama das nächste Mal ein Fotoshooting bei Groupon kauft, achtet sie darauf, dass im Paket auch digitale Nachbearbeitung enthalten ist. Der traurige Zustand von Mamas Haut sollte niemanden überraschen, schließlich schafften es Schlafentzug und grenzwertiger Kaffeekonsum auch dieses Jahr nicht in die »Top 5 Anti-Aging-Geheimnisse« von *Glamour*. Seit deiner Geburt hat Mama sich etwa so lange mit ihrer Augenpartie beschäftigt wie mit der Syrienkrise. Natürlich bist du alle Fältchen und Aknepickel wert, die du verursacht hast. Doch an den Tagen, an denen Mama sich so unfähig vorkommt wie die Teenie-Mütter auf RTL2, wünscht sie sich, sie sähe wenigstens auch so jung aus.

Jungbrunnen

(ohne Alkohol)

Zutaten

150 g Tiefkühl-Heidelbeeren
150 g Tiefkühl-Himbeeren
3 cl Granatapfelsaft
1 Pfirsich, geschält, entkernt und in Würfel geschnitten
1 Apfel, geschält, entkernt und in Würfel geschnitten
2 Handvoll Spinatblätter
½ l Wasser

Zubereitung

Alle Zutaten in einen Standmixer geben und zu einer glatten Masse zerkleinern.

Anmerkung

Dieser Drink enthält jede Menge Antioxidantien und stellt (jenseits von Botox) Ihre beste Chance dar, beim Erwerb von alkoholischen Getränken jemals wieder um Ihren Ausweis gebeten zu werden.

Wie dringend Sie diesen Drink brauchen

♟ ♟ ♟

85 Der Kinderwagen

Wenn du vor deinem achtzehnten Geburtstag dereinst um einen Zuschuss für den Kauf eines Autos bittest, wird Mama dir erklären, dass sie eh schon viel zu viel Geld für einen fahrbaren Untersatz verpulvert hat, bevor du überhaupt 18 *Wochen* alt warst. Und da sind die dreiundvierzig Accessoires noch nicht eingerechnet, mit denen sie deinen Kinderwagen aufgepeppt hat. Da waren unter anderem der Tassenhalter, der Fußsack mit Antarktis-Standard und das Sonnendach, das jetzt blutbefleckt ist, weil Mama sich beim ersten Zusammenklappen des Kinderwagens schwer verletzt hat. Dazu kommen noch die Ausgaben für den Ersatz von Schühchen, Mützen, Schnullern und Kautschukgiraffen namens Sophie, die du in der ganzen Nachbarschaft verteilst, weil dein Lieblingsspiel darin besteht, Dinge über Bord zu werfen und zu sehen, ob Mama was merkt. (Normalerweise nicht, weil Mama vollauf damit beschäftigt ist, sich bei anderen Passanten dafür zu entschuldigen, dass sie den ganzen Bürgersteig blockiert und/oder ihre Hündchen überfahren hat.) Während Papa sich für den Klappmechanismus, die Stoßdämpfung und den Wendekreis des Wagens begeistern kann, schaudert es Mama noch immer, wenn sie an den Preis denkt. Für das Geld hätte Mama mindestens eine Zauberkutsche erwartet, die alle deine Wünsche erfüllt. Leider stellt sich allmählich heraus, dass man einen ganzen Fuhrpark weiterer Modelle braucht: einen leichten Buggy für die Stadt, einen Reisebuggy, der sich *Die-Jetsons*-mäßig auf die Größe eines Regenschirms zusammenfalten lässt, und einen Sportkinderwagen, den Mama beim Joggen vor sich her schieben kann (theoretisch zumindest; in der Praxis setzt dieser Wagen ebenso Staub an wie Mamas Laufschuhe). Und dann hast du Laufen gelernt. Seitdem brüllst du derart furchterregend, wenn man dich in irgendeine Art von Kinderwagen hebt, dass Mama jedes Mal erschrocken prüft, ob sie dich versehentlich auf einen Reißnagel gesetzt hat. Mama könnte heulen: Seit du selbst laufen kannst, braucht ihr fünfundvierzig Minuten für einen Häuserblock. Aaaaah!

Buggy Blues

Zutaten

3 cl Wodka
3 cl Blue Curaçao
9 cl Sprite

Zubereitung

Eis in ein Glas füllen. Alle Zutaten eingießen und umrühren. Mit einem Neuwagenkredit garnieren.

Wie dringend Sie diesen Drink brauchen

86 Sport

Mama war zwar nie ein großer Fan von Sportsendungen, aber der Anblick knackiger Sixpacks in HDTV diente ihr früher schon als Motivation, am nächsten Tag ins Fitnessstudio zu gehen. Außerdem fand sie es ziemlich sexy, wenn Papa sich bei einem wichtigen Spiel so richtig echauffierte. Aber seit deiner Geburt ist Mama so dünn besaitet, dass sie sich kaum eine Pringle's-Reklame ansehen kann, ohne in Tränen auszubrechen. Von der nächsten Olympiade ganz zu schweigen. Sie fragt sich, ob ihr die Spiele wegen der Hintergrundberichte über die Sportler so nahegehen (dabei geht es immer um tote Kriegshelden und Olympioniken / ein Comeback trotz schlimmer Knieverletzung / ein Feuer im Heimatdorf des Athleten) oder wegen der Erkenntnis, dass es für ihre eigenen sportlichen Höhenflüge endgültig zu spät ist. Eine Bestätigung dafür erhielt sie letzte Woche, als sie sich beim Aufstehen vom Sofa einen Muskel zerrte. Während der Schwangerschaft fühlte Mama sich durchaus wie eine Olympionikin – strikter Ernährungsplan, Kugelstoß-Kugel immer dabei, medaillenwürdiger Einsatz auf der Entbindungsstation. Doch wahrscheinlich fiebert sie in der heimlichen Hoffnung mit, dass du mal das Cover von *Sports Illustrated* zieren oder vor einem Milliardenpublikum auf ein Podest steigen wirst, während Mama vor Stolz strahlend zusieht. Auch Papa hofft offenbar, dass du mal Profisportler wirst. Mama fragt sich allerdings, ob Papa nicht übertreibt, wenn er deine Versuche, Fusilli an die Wand zu werfen, als »höchst vielversprechendes Zeichen« wertet.

Goldmedaillencocktail

Zutaten

1,5 cl Wodka
1,5 cl Triple Sec
8 cl Mangopüree
6 cl Orangensaft
Spritzer Limettensaft
Limettenscheibe

Zubereitung

Eis in ein Glas geben, alle Zutaten eingießen und umrühren. Mit Limettenscheibe garnieren.

Anmerkung

Nie hat ein Sieg süßer geschmeckt.

Wie dringend Sie diesen Drink brauchen

87 Oma

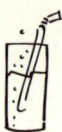

Oma meint es gut, aber sie sorgt dafür, dass Mama regelmäßig an die (inzwischen dauerhaft mit Breiresten dekorierte) Decke geht. Zu Omas Zeiten brüllten, kackten, kotzten Babys offenbar nicht, sondern sahen immer aus wie frisch aus dem Babymodenkatalog. Vielleicht waren sie einfach zugedröhnt vom Bier, in das man ihren Schnuller getaucht hatte. Egal, was Mama macht, Oma kann sich ihr »Du machst das falsch!«-Räuspern nicht verkneifen. Selbst deine Kleidung wird kritisch gemustert, etwa der Totenkopf-Body von H&M. (Darin sieht das Baby ja aus wie ein Rocker. Soll es mal drogenabhängig werden?) Mama hatte ja gehofft, dass Oma dich gelegentlich mal übernimmt, damit sie selbst sich hinlegen oder duschen kann. Oder zumindest mal bei geschlossener Badezimmertür pinkeln. Doch leider mag Oma dich nur halten, wenn du schläfst. Mama wünscht sich immer noch Omas Anerkennung, weshalb sie ihr auch erlaubte, dir Fleisch zu geben, als du gerade mal drei Monate alt warst (»Zu meiner Zeit gab man Babys Leberwurstbrote, um ihre Abwehrkräfte zu stärken«) und sich jeden Kommentar verkneift, wenn Oma dir unpassendes Spielzeug schenkt. (Da steht zwar »Für Kinder ab 10 Jahren« drauf, aber wie soll das Baby sonst bitte schön lernen, was scharfe Kanten sind?) Die Wunden der Pubertät verheilen bekanntlich nie, weshalb Mama sich geschworen hat, bei der Erziehung alles ganz anders zu machen als Oma. Doch dann erwischt sie sich dabei, wie sie mit dir schimpft, weil du mit dem Farbkreis spielst statt mit dem Rechenschieber – und erkennt mit Entsetzen, dass sie im Begriff ist, ihren schlimmsten Albtraum wahr werden zu lassen: *so zu werden wie ihre Mutter.*

Spitzendeckchen-Cocktail

Zutaten

3 cl Dubonnet Rouge
3 cl Gin
Spritzer Orangenbitter (oder Orangensaft)

Zubereitung

Eis in ein Glas füllen, alle Zutaten eingießen und umrühren.

Anmerkung

Die Zutaten hat Oma wahrscheinlich vorrätig, und wenn Sie bei ihr
zu Besuch sind, werden Sie sicher schnell einen Drink benötigen.

Wie dringend Sie diesen Drink brauchen

88 Krippenplatz

Als ihr Schwangerschaftstest positiv ausfiel, informierte Mama kurz Papa und rief danach gleich bei einer ganzen Latte von Kinderkrippen an. Bei den städtischen Kinderkrippen, beschied man ihr, würdest du mit deinem Listenplatz spätestens 2025 einen Platz bekommen, möglicherweise schon 2023. Du warst noch erdnussgroß, als Mama schon bei Sommerfesten von Elterninitiativen mithalf, um Schleimerpunkte zu sammeln. Zwei Jahre später, als Mama schon bereit war, nach der Methode aus *Ein unmoralisches Angebot* endlich einen Betreuungsplatz zu besorgen, rief plötzlich eine Krippe an und hatte einen Platz für dich. Kaum berichtet sie von ihren guten Nachrichten, kommen natürlich prompt die unerbetenen Warnungen anderer Mamas, das nächste Jahr würdest du dir mehr oder weniger ständig irgendwelche Infekte und Erkältungen einfangen (und an Mama und Papa weiterreichen). Mama tat das als Miesmacherei ab – bis der Anruf von der Krippe kam: du hattest Fieber, Mama musste dich abholen. Das war an deinem dritten Tag. Seitdem musste Mama ~~sieben~~ zwei Arbeitstage ausfallen lassen (ein Hoch auf die kreative Stundenabrechnung!). Mama glaubt wirklich, dass der strukturierte Tagesablauf und der Umgang mit anderen Kindern dir langfristig guttun werden, aber die Tage, an denen sie vor der Regenbogentür deine tränennassen Wangen küsst, sind das Allerschlimmste.

Krippen-Tonikum

Zutaten

3 cl Cognac
3 cl weißer Rum
12 cl Orangensaft
Orangenzeste

Zubereitung

Eis in ein Glas geben. Cognac, Rum und Orangensaft eingießen und umrühren. Mit der Orangenzeste garnieren.

Anmerkung

Betäubt Schuldgefühle, tötet Bakterien und stärkt das Immunsystem.

Wie dringend Sie diesen Drink brauchen

89 Übernachtungsgäste

Mama freut sich immer, wenn Freunde und Verwandte von auswärts kommen. Sie wünschte nur, sie würden im Hotel übernachten! Mama hat sich noch immer nicht daran gewöhnt, dass sie ihren knappen Wohnraum mit mehreren Kubikmetern Plastikspielzeug teilen muss; für Bruder, Schwägerin und ihre zwei Kinder samt fünf Samsonite-Koffern bleibt da kein Platz mehr. Am Ankunftstag der Gäste muss Mama die wertvolle Stunde deiner Siesta damit zubringen, familienfreundliche Touristenziele in eurer Gegend zu googeln. Wie kann es sein, dass Leute im Urlaub vorübergehend zu vergessen scheinen, wie man das Internet benutzt? Am zweiten Tag hat Thomas, die kleine Lokomotive deines Cousins, das neue Parkett völlig zerkratzt. Mama hätte doch lieber Teppichboden nehmen sollen. Leider sind alleinstehende Übernachtungsgäste um nichts besser, weil sie ahnungslos überall Dinge herumliegen lassen, an denen ein Kind ersticken kann. Eine Stunde, bevor du um sechs Uhr morgens aufwachst, kommt Mamas frühere WG-Genossin betrunken von einer Party heim, auf die Mama nicht mit eingeladen war. Es sieht fast so aus, als wäre »Ich möchte Zeit mit dir und deinem Baby verbringen« Code für »Ich möchte mein Gepäck bei euch abstellen, während ich wieder mit meinem Ex-Freund anbändle«. Mama und Papa sind gezwungen, mit dir ganz hinten im Keller »Lass uns ganz leise sein« zu spielen, bis die Freundin sich mittags aus dem Bett wälzt. Sie schlurft in die Küche, kotzt in die Spüle und schiebt es auf den Windelgeruch anstatt auf die Tequilas am Vorabend. Egal, wer zu Besuch kommt, hinterher ist das Haus verwüstet und der Kühlschrank leer. Während Mama die Gästebettwäsche in die

Waschmaschine steckt, ertappt sie sich beim Gedanken, das zweite Kind doch gleich zu machen, damit es kein Gästezimmer mehr gibt.

Invasion der Barbaren

Zutaten
3 cl Southern Comfort
3 cl Limettensaft
Spritzer Grenadine
Zucker
Limettenscheibe

Zubereitung
Den Rand eines Glases mit Limettensaft beträufeln und in Zucker tauchen. Eis in das Glas füllen. Southern Comfort, Limettensaft und Grenadine mit Eis in einen Shaker geben. Gut schütteln und in das Glas abseihen. Mit der Limettenscheibe garnieren.

Anmerkung
Das Klirren der Eiswürfel in diesem Drink ist fast so schön wie das Brummen eines abfahrenden Flughafentaxis.

Wie dringend Sie diesen Drink brauchen

90 Mama-Angst

Von dieser Angststörung betroffene Mütter werden von lähmender Paranoia erfasst, sobald ihre Kinder außer Sichtweite sind. Die Symptome von Mama-Angst treten auf, wenn die Betroffene sich aus pummeligen kleinen Armen löst und zur Arbeit oder auf ein »Hoffentlich bin danach nicht nur ich zu müde für Sex«-Date mit Papa geht. Von der Angst besessen, dass niemand sich so gut um dich kümmern kann wie sie selbst, malt Mama sich sorgfältig konstruierte Horrorszenarien aus, die sich in ihrer Abwesenheit abspielen könnten. In ihrem Wahn scheint es durchaus absolut realistisch, dass die Krippe Tarnung für ein Meth-Labor ist, die Babysitterin ihrem Mathelehrer erotische SMS schreibt, Omas übertriebener Ketchup-Verbrauch zu Diabetes im Kindesalter führt und Papa Online-Scrabble spielt, statt darauf zu achten, dass das Baby kein Gift schluckt. Die Angststörung äußert sich in Symptomen wie dem zwanghaften Kontrollieren des iPhones und der strikten Weigerung, selbst im Kino oder in Meetings den Klingelton leiser zu stellen. Die Symptome lassen nicht nach, wenn das Baby älter wird, erreichen ihren Höhepunkt, wenn das Kind ins Teenageralter kommt und gehen nie ganz weg. Beschwichtigungen wie »Keine Sorge, dem Kind fehlt nichts!« sollte Papa lieber unterlassen, wenn er nicht mit einem stumpfen Gegenstand kastriert werden will. Die Symptome lassen sich mit in Teddybären versteckten Kameras und stündlichen Videotelefonaten zwar lindern, doch niemals völlig kurieren. Studien belegen, dass Mama sich immer um ihren Schatz sorgen wird. Immer.

Atempause

Zubereitung

Tief durchatmen und einen Chardonnay (oder was immer der Gastgeber gerade anbietet) genießen … bis die Symptome einsetzen und Sie die Dinnerparty vorzeitig verlassen müssen.

Wie dringend Sie diesen Drink brauchen

91 Das Play Date

Seit deiner Geburt ist Mamas einstmals beneidenswertes Sozialleben zu einer Anreihung von Play Dates verkommen. Play Dates zwingen Mama dazu, sich mit Eltern zu treffen, deren Blick sie normalerweise ausweichen würde, die aber zufälligerweise Kinder in deinem Alter haben. Ab und zu bietet ein Play Date auch die Gelegenheit, Zeit mit Leuten zu verbringen, die Mama tatsächlich mag, leider sind deren Kinder in der Regel nur noch ein paar Jahre von Ritalin und ersten Besuchen in der Entziehungsklinik entfernt. Play Dates haben ihre Vorzüge, z. B. kann man »auf dem Weg zum Badezimmer« neue Küchen inspizieren und in fremden Schlafzimmern schnüffeln. Bei Play Dates bekommen die Kinder typischerweise eine Mahlzeit, in der sich die Erziehungsphilosophie der Gastgeber spiegelt. So serviert die »Ich mache alles, was mein Kind will«-Mama Nutella-Pringles auf Weizentoast, während die »Ich schicke mein Kind so bald wie möglich auf ein Internat«-Mama einen Caterer kommen lässt. Egal was gereicht wird, deine Mama stibitzt unweigerlich etwas von deinem *Toy Story 2*-Teller, denn aus irgendeinem Grund ist für die Erwachsenen nie etwas zu essen vorgesehen. Irgendwann ist Mama dann dran, ein Play Date auszurichten. Shit. Danach sieht Mamas Haus aus wie eine in die Luft geflogene Spielzeugfabrik. Ihre wasserschildkrötengrüne Schmuckwand wurde mit Wachsmalkreiden verschönert, und ihre IKEA-Schränke werden nie wieder richtig schließen. Play Dates sind auch als Bakterien-Tauschbörsen berüchtigt, und so darf Mama die nächsten achtundvierzig Stunden Kinderkrankenschwester spielen und Kotze aufwischen. Toll.

Play-Date-Digestif

Zutaten
3 cl weißer Rum
12 cl Ginger Ale

Zubereitung
Eis in ein Glas geben. Rum und Ginger Ale eingießen und umrühren.

Anmerkung
Das Ginger Ale wird Ihren aufgewühlten Magen beruhigen, wenn Sie später am Abend halb zerkaute Rosinen aus dem Wohnzimmerteppich zupfen.

Wie dringend Sie diesen Drink brauchen

92 Kindermusik

Seit deiner Geburt bekommt Mama nicht mehr mit, was sich in der Popmusik tut. Sie hofft, dass das Lied »Apple Bottom Jeans« von Florida (Anmerkung der Redaktion: gemeint ist »Low« von Flo Rida) recht schnell zum Klassiker wird, damit Mamas iTunes-Bibliothek wieder retro statt nur angestaubt ist. Bis dahin verwendet sie auf Partys heimlich Shazam, um nicht als Vollpfosten dazustehen. Moment mal, ist der Ausdruck »Vollpfosten« überhaupt noch cool? (Anmerkung der Redaktion: nein.) Papa ist auch keine Hilfe. Er steht ausschließlich auf Haar-Bands aus den frühen 1980-ern. Im Büro hörte Mama einige Twens über Cee Lo Green sprechen und dachte, das wäre eine Geschlechtskrankheit. Auf ihrem iPod hat Mama nur noch Playlists mit grauenhaft überzuckerten Songs von The Wiggles. Waaaaarum willst du ewig das gleiche Lied hören? »Die Räder an dem Bus« treiben Mama in den Wahnsinn, durch die ganze Stadt. Selbst die *Babies Go Pearl Jam*-CD verursacht ihr Ohrblutungen. Wenn sie sich noch einmal »Even Flow«, gespielt auf einem Glockenspiel, anhören muss, dreht sie durch wie Jeremy, *who spoke in class today*. (Halbherziger High five für dieses Textzitat aus dem Album *Ten* von 1991.) Von neuen Bands erfährt sie jetzt nur noch, wenn sie einen Gastauftritt in der *Sesamstraße* haben. Mama kann es kaum erwarten, dass du endlich in die Pubertät kommst. Dann hört sie wenigstens, was hip ist, wenn sie an deine Tür hämmert und ruft: »Dreh das leiser!«

Der Raffi-tini

Zutaten

Zutaten
Limettenscheibe
Zucker
3 cl weißer Rum
10 cl heller Traubensaft

Zubereitung
Den Rand eines Martiniglases mit Limettensaft benetzen und in Zucker tauchen. Rum und Traubensaft mit Eis in einen Shaker geben. Gut schütteln und in ein Glas abseihen. Zu *Baby Beluga*-Kaviar servieren.

Wie dringend Sie diesen Drink brauchen

93 Restaurants

In Mamas hedonistischem Ex-Leben konnte nach einer Fünfzig-Stunden-Arbeitswoche nichts ihre Seele schneller erquicken, als in einem angesagten Restaurant 150 Euro für Wachteleier, Enten-Oliven-Paste und Martinis mit Basilikum zu verfressen. Obwohl die Portionen nur Calista-Flockhart-groß waren und man drei Stunden später noch mal zum Pizzaladen an der Ecke musste, lohnte sich die Sache. Ein Baby wäre in diesen coolen Bistros mit ihren bärtigen Kellnern in Skinny-Jeans etwa so deplatziert wie eine erschwingliche Flasche Wein. Doch wo sollt ihr jetzt einkehren, wenn Mama mit Einkaufen und Kochen mal wieder so überfordert ist wie mit Apple TV?

Die Kriterien, nach denen Mama Restaurants auswählt, haben sich jedenfalls dramatisch verändert: Tageskarten auf Kreidetafeln und Dekoration aus Einweckgläsern spielen keine große Rolle mehr, dafür zählt jetzt vor allem, ob das Restaurant einen Parkplatz und automatische Schiebetüren am Eingang hat, durch die dein Riesenkinderwagen passt. Bonuspunkte gibt es für ohrenbetäubendes (und die Michael Bolton-CD übertönendes) Kindergeschrei im Speisesaal und bebilderte Speisekarten. Zwei Minuten nach der Bestellung kommen Mamas Fisch und Papas Hühnchen – beides derart zu Tode frittiert, dass man nicht mehr sagen kann, was was ist. Niemand stört sich daran, wenn du deine Chicken Nuggets (oder waren es doch Fisch Nuggets?) auf den Boden wirfst und Milch über die braune Papiertischdecke schüttest. Ganz im Gegenteil: die gestressten Eltern an den Nachbartischen sind heilfroh, dass ihr Racker mal nicht alle bösen Blicke auf sich zieht. Eines haben sogenannte familienfreundliche Restaurants zwar mit trendigen

Bistros gemein – schamlos überzogene Preise –, doch angesichts der Verwüstung, die du an eurem Tisch hinterlässt, hat sich jeder Cent gelohnt.

GG (Gottlob gratis)
(ohne Alkohol)

Zutaten
gratis nachfüllbares Cola

Anmerkung
Gratis = Zauberwort für Mama

Wie dringend Sie diesen Drink brauchen

94 Aufsteh-Routine

Vor deiner Geburt sah ein typischer Morgen so aus:

7:15 Uhr Wecker klingelt. Noch fünfzehn Minuten dösen.

7:30 Uhr Einen Smoothie machen. Vor dem *Frühstücksfern-sehen* genießen und dabei auf Facebook surfen.

7:45 Uhr Ausgiebig duschen. Mit Papa.

8:00 Uhr Haare fönen und stylen.

8:15 Uhr Mit Lidschatten experimentieren.

8:30 Uhr Im Zug Angry Birds auf dem Handy spielen.

9:00 Uhr Sich an den Schreibtisch setzen und für einen Tag stählen, an dem man jederzeit in allem brillant zu sein versucht.

Und jetzt sieht er so aus:

6:00 Uhr Du brüllst los.

6:05 Uhr Der Inhalt deiner Spielzeugkiste ist über den Boden verteilt.

7:05 Uhr Der Inhalt deines Magens ist über den Boden verteilt.

8:05 Uhr Der Inhalt deines Schranks ist über den Boden verteilt.

8:10 Uhr Duschen, anziehen, schminken, essen und Koffein einfüllen, alles innerhalb von zehn Minuten, weil Papa schon wieder früher wegmuss, zu einer »sehr wichtigen Besprechung«.

8:20 Uhr Der Inhalt von Mamas Kleiderschrank ist über den Boden verteilt.

8:25 Uhr Du wälzt dich in einem Tobsuchtsanfall auf dem Boden.

8:30 Uhr	In die Krippe bringen. An der Eingangstür brichst du in hysterisches Heulen aus.
8:40 Uhr	Mama zerrt dich von ihrem Bein weg. Mascara ruiniert.
8:45 Uhr	Im Zug Einkaufsliste schreiben, Mascara reparieren, Schuldgefühle schieben, sich auf Wirklich Wichtiges Meeting vorbereiten, sich an sechs Dinge erinnern, die Papa unbedingt noch zur Nach-Krippen-Logistik heute Abend wissen muss, aber nicht weiß.
9:15 Uhr	Sich an den Schreibtisch setzen und für einen Tag stählen, an dem man jederzeit in allem brillant zu sein versucht.

Blutunterlaufene Augen
(ohne Alkohol)

Zutaten

Ein Espresso in einer großen Tasse mit normalem Kaffee, dazu Zucker nach Belieben.

Anmerkung

Mit wasserfester Mascara kombinieren.

Wie dringend Sie diesen Drink brauchen

95 Hochzeiten

Vor langer, langer Zeit fand Mama es unerträglich wie *Hangover 3*, ohne Begleitung auf eine Hochzeit zu gehen. Doch heute Abend bist du dabei, und Mama ertappt sich dabei, wie sie sehnsüchtig zum Singletisch hinüberblickt. Mit Wehmut denkt sie an Partys zurück, auf denen die größte Schwierigkeit darin bestand, den aufdringlichen Cousin des Bräutigams abzuwimmeln. Heute geht es einzig darum, dich ruhig zu halten und sicherzustellen, dass dein zauberhaftes Outfit nicht durch eine undichte Windel versaut wird, denn als Reserve hat Mama nur einen Body mit dem Slogan »Ich brülle nur, wenn hässliche Menschen mich halten« dabei. Mama hat sich extra für die Gelegenheit ein Cocktailkleid gekauft, das sie nie wieder tragen wird, und auch beim Hochzeitsgeschenk war sie extra großzügig, sodass dieser Abend insgesamt ziemlich ins Geld geht. Früher tröstete sich Mama mit dem Gedanken, dass sie ihre Unkosten in Form von Champagnerkonsum im Lauf des Abends doppelt wieder hereinholen würde, doch heute schätzt sie sich glücklich, wenn sie zwei Bissen ihres gummiartigen Tofu-Steaks hinunterbekommt (bestellt hatte sie Lachs). Dem alkoholbefeuerten Treiben auf der Tanzfläche kann sie nur voller Nostalgie zusehen. Was waren das noch für Zeiten, als Papa zu später Stunde seine Hugo Boss-Krawatte zum Stirnband umfunktionierte und brüllte: »Spielt ›Thunderstruck‹!« Jetzt gilt es, dich bis 20 Uhr ins Hotelzimmer zurückzubringen, sonst wird es zum echten Kopf-an-Kopf-Rennen, wer zuerst das große Heulen bekommt, du oder die Braut. Und ehrlich gesagt ist auch Mama schon kurz nach dem Anschneiden der Torte reif fürs Bett, nachdem sie dich den ganzen Abend lang ständig draußen beruhigen und davon abhalten musste, Macarons auf den ausladenden Hut der Brautmutter zu werfen. Ach, wären nur Mama und Papa diejenigen, die morgen nach Hawaii abhauen!

Hochzeitstorten-Martini

Zutaten

5 cl Vanillewodka
1,5 cl Kokosnussrum
6 cl Ananassaft
1,5 cl Cranberrysaft

Zubereitung

Ein Martiniglas kühlen. Alle Zutaten mit Eis in einen Shaker geben. Gut schütteln und in das Glas abseihen.

Anmerkung

Hochzeitskuchen verpasst? Nur nicht verzweifeln! Dieser Drink bietet den vollen Geschmack bei null Sauerei. Sagen Sie einfach ja!

Wie dringend Sie diesen Drink brauchen

96 Andere Kinder

Mama ist überzeugt davon, dass du erste Anzeichen von Genialität zeigst und später die Welt von ihrer Abhängigkeit von Öl befreien oder zumindest bei *Jeopardy!* das Duell der Champions gewinnen wirst. Leider glauben das auch alle anderen Eltern von ihren Kindern, obwohl die meisten von ihnen aller Wahrscheinlichkeit nach als deine Angestellten enden werden. Im Verhalten dieser Kinder spiegeln sich die fragwürdigen Erziehungsansätze ihrer Eltern, etwa das Motto: »Mein Kind darf machen, was es will; ich verfolge derweil die Wertentwicklung meiner Aktien auf dem Smartphone«. Schweigend fällt Mama am Rand des Sandkastens ihr gnadenloses Urteil über diese Eltern und erzählt Papa später genüsslich bei einem Glas Wein von all den Fehlern, die andere Mütter so machen. Natürlich sollst du mit anderen Kindern spielen, das ist wichtig für deine Entwicklung. Aber folgenden Typen gehst du besser aus dem Weg:

Dem Beißer: Niemand will sich am Sandkasten Tollwut holen. Macht BabyBjörn auch Beißkörbe für Kinder?

Der Schreihals: Verschlimmert das Kopfweh, das Mama seit deiner Geburt eigentlich immer hat.

Die Heulsuse: Schon ein Windhauch sorgt für Tränen.

Die Zecke: Hängt immer an seiner Mama, eine vernünftige Unterhaltung ist unmöglich. Durchtrennt endlich die Nabelschnur!

Der Rüpel: Schubst, grabscht, schreit, klaut. Wird mal Drogen-händler oder Investmentbanker.

Der Star: Muss immer im Zentrum der Aufmerksamkeit stehen.

Die Bakterienschleuder: Einfach nur eklig.

Das perfekte Engelchen: Dringend vermeiden. Solltest du wei-nen, brüllen, etwas kaputt machen oder sonst irgendwas tun, was normale Kleinkinder so machen, dreht die Mutter des per-fekten Engelchens total durch.

Der perfekte Martini

Zutaten
5 cl Gin
Spritzer trockener Wermut
Zitronen-Twist

Zubereitung
Ein Martiniglas kühlen. Gin und Wermut mit Eis in einen Shaker geben. Gut schütteln und in das Glas abseihen. Mit Zitronen-Twist garnieren. Ein Hoch auf Ihr perfektes Engelchen – über das die an-deren Eltern hinter Ihrem Rücken lästern.

Wie dringend Sie diesen Drink brauchen

97 Andere Mamas

Nicht nur bestimmten Kindern, auch bestimmten Mama-Typen sollte man nach Möglichkeit aus dem Weg gehen:

Die Beißerin: Permanenter Schlafentzug lässt diese Mamas über- und zuschnappen. Selbst Bemerkungen über das Wetter werden als persönlicher Angriff auf ihre Erziehungsmethoden gewertet. (»Wollen Sie damit andeuten, dass ich meinen Ben bei dieser Hitze nicht draußen spielen lassen dürfte?«)

Der Schreihals: Kann bitte jemand dieser Frau anonym das Buch *Babyflüsterer* schicken?

Die Heulsuse: »Ist es nicht wunderbar (*schluchz*), Kinder zu haben?«

Die Zecke: Saugt Mama mit ihrem unaufhörlichen Gejammer über Schlafmangel, Geldsorgen und Wäscheberge jede Lebenslust aus. *Nur zur Info: Wir sitzen alle im gleichen Boot!*

Die Tyrannin: Steckt immer in einem »Breast is Best«-T-Shirt und tut nichts lieber, als anderen Müttern Vorträge über bindungsorientierte Erziehung zu halten, während sie sich eine Mini-Quiche nach der anderen reinstopft.

Die Mama des Stars: Brüstet sich unaufhörlich mit dem Kurzauftritt ihres Babys im Werbespot des örtlichen Autohändlers. Mit allen Porträt-Fotografen der Stadt unzufrieden.

Die Bakterienschleuder: Einfach nur eklig.

Das Problem ist nur, dass Mama jederzeit in mindestens drei dieser Kategorien fällt, je nachdem, aus welcher Richtung die Hormonwinde gerade wehen. Vielleicht kommen deswegen immer seltener Einladungen zu Play Dates.

Marco Solo
(ohne Alkohol)

Zutaten
2 cl Zitronensaft
1,5 cl Grenadine
1,5 cl Zuckersirup
Sprite
Sodawasser

Zubereitung
Eis in ein Glas füllen. Zitronensaft, Grenadine und Zuckersirup eingießen und zu gleichen Teilen mit Sprite und Sodawasser auffüllen.

Anmerkung
Es ist sozial akzeptabel, diesen Drink alleine zu trinken.

Wie dringend Sie diesen Drink brauchen
🍼🍼🍼🍼

98 Mamas freier Abend

Mama und ihre Freundinnen beschließen, dass es höchste Zeit ist, ihrem wilden Leben vergangener Jahre zu huldigen, indem sie die Kinder ihren Vätern überlassen und die Bars unsicher machen. Drei Wochen lang ringt Mama mit der Logistik, wie man alle Mamas unter einen Hut bekommt, doch als der große Abend endlich näher rückt, häufen sich die Absagen. Bei Freundin 1 »ist eine Erkältung im Anzug« (lies: *Dirty Dancing* kommt auf RTL 2). Freundin 2 kriegt die Krise, weil ihr nichts Hübsches mehr passt und sie fürchtet, den anderen nur den Spaß zu verderben (zu Recht). Und der Sohn von Freundin 3 reihert wie das Kind in *Der Exorzist* (schon wieder). Das verbliebene Häuflein dreht besonders auf, um die Ausfälle zu kompensieren (»Lasst uns Jägermeister-Shots trinken, als wäre es 2009!«). Weil die Mamas aber sämtlich gerade eine längere Auszeit vom (Nacht-) Leben genommen haben und nichts mehr vertragen, degeneriert der Abend schnell zu übertrieben vertraulichen Berichten über ehelichen Sex (iiih) und Mamas-außer-Rand-und-Band-Aktionen, wie Papas auf der Mailbox hinterlassene Frage, wo die Chips sind, nicht sofort zu beantworten. Nächster Tag, sechs Uhr morgens. Vier Stunden, nachdem Mama nach Hause getorkelt kam, stehst du wieder auf, was Mama wieder schmerzlich bewusst macht, dass sich seit jenen östrogenbefeuerten Nächten vergangener Jahre einiges geändert hat. Doch der folgende Wirbelwind aus Foto-Tags, Kater-Berichten und »Hat irgendwer meine Brille gesehen?«-Nachrichten erinnert sie daran, dass manche Dinge sich glücklicherweise nie ändern.

Mamas Helfer

(ohne Alkohol)

Zutaten

½ Handvoll Spinatblätter
1 Banane
125 ml Sojamilch
125 ml Crushed Ice
3 Tropfen Vitamin B_{12}

Zubereitung

Alle Zutaten in einen Mixer geben und zu einer glatten Masse pürieren. In ein großes Glas füllen und sofort trinken.

Anmerkung

Passt hervorragend zu einem von Papa zubereiteten fettigen Frühstück.

Wie dringend Sie diesen Drink brauchen

🍼🍼🍼🍼🍼

99 Urlaub

Mama und Papa sind bleich, überarbeitet und sich schmerzlich der Tatsache bewusst, dass dein zweiter Geburtstag näher rückt, nach dem du nicht mehr kostenlos fliegst. Höchste Zeit also, einen Familienurlaub zu buchen. Der Traum von einem exotischen Ziel stirbt schnell, weil Mama darauf besteht, in eine Gegend zu fliegen, wo das örtliche Krankenhaus nicht in einem Lieferwagen eingerichtet ist und der Chefchirurg nicht gleichzeitig der Barkeeper ist. Nicht zu vergessen: Niemand soll vom Essen Durchfall bekommen – bei dir kommt hinten schon genug raus, wenn du sauberes, gefiltertes Wasser trinkst. Also fahren Mama und Papa dorthin, wo alle Eltern mit Kleinkindern hinfahren: nach Florida. Ein Hoch auf die erweiterte Heimat, wo es an jeder Ecke ein Starbucks gibt und auch sonst fast alles wie zu Hause ist! Mama hat ein Familienzimmer mit Babybett gebucht, das aber leider nicht ins Bad passt. (Du würdest dich ja nicht daran erinnern, neben der Toilette geschlafen zu haben. Mama hätte einfach wirklich gerne die Tür zugemacht!) Der Flug ist ein Albtraum, die Mietwagenfirma hat »vergessen«, deinen Kindersitz bereitzustellen, und auch ohne die geringste Zeitverschiebung ist dein Schlafrhythmus völlig im Eimer, weshalb du eine Woche lang keinen anständigen Mittagsschlaf machst. Und warum nur haben Mama und Papa ein Urlaubsziel gebucht, das vierundzwanzig Stunden am Tag Sonnenschutz erfordert, obwohl das Meer nicht mal in der Nähe ist. Ach ja, wegen Disneyland. Magic Kingdom – wo Träume wahr werden. Oder Albträume. Nachdem Mama die Ersparnisse für die Kellersanierung für diesen Urlaub verpulvert hat, wird ihr zu spät klar, dass ein Themenpark für dein Alter vollkommen daneben ist und du massiven Schiss vor Mickey hast. Im wörtlichen Sinn und an jeder denkbaren Stelle vom Magic Kingdom. Das Einzige, was Mama und Papa wirklich Spaß macht, sind die Designer Outlet Center, wo sie ein weiteres kleines Vermögen für Babysonnenhüte und Salzbrezeln ausgeben. Nach all dem braucht Mama dringend Urlaub vom Urlaub. Wenigstens muss sie nicht, wie früher nach ihren Singletrips, fürchten, mit einer sexuell übertragbaren Krankheit heimzukommen.

Urlaub auf Balkonien

Zutaten

3 cl weißer Rum
6 cl Orangensaft
1,5 cl Zuckersirup
Spritzer Limettensaft
Spritzer Grenadine
Minzblätter

Zubereitung

Rum, Orangensaft, Zuckersirup, Limettensaft und Grenadine mit Eis in einen Shaker geben. Gut schütteln und in ein mit Eis gefülltes Cocktailglas abseihen. Mit Minzblättern und Schirmchen garnieren. Die Heizung aufdrehen und daheim bleiben.

Wie dringend Sie diesen Drink brauchen

100 Du wirst zu schnell groß

Du bist achtzehn Monate alt, gesund, glücklich, und wie durch ein Wunder haben Mama und Papa es geschafft, dich nicht kaputt zu machen. Klar, du hast ein paar Beulen und Kratzer von deinen Gehversuchen und deinem Gekrabbel unter dem Beistelltisch, aber im Großen und Ganzen ist Mama ziemlich stolz darauf, wie unversehrt du geblieben bist. Du lächelst gerne und breit, sprichst schon ein paar Worte (leider sagst du am liebsten »nein!«) und wenn du aus ganzem Herzen lachst, geht Mama das Herz auf. Mama sorgt sich zwar um die Zukunft, wenn das Töpfchentraining beginnt und die Trotzphase richtig losgeht, aber die Phase, in der du jetzt gerade bist, findet sie großartig. Soll sie nicht doch noch mal? ... Wenn sie sich deine 298 076 Babyfotos durchsieht, schwingen ihre Eierstöcke in süßer Wehmut an die Zeiten, als dein Atem nach Milch duftete und du so bezaubernd mit den Zehen wackeltest. Mit einem wunderbaren Zauber schafft es die Natur, dass Mütter schlaflose Nächte, Kolik-Gebrüll und wunde Brustwarzen vergessen. Und es wäre schon etwas ganz Besonderes zu beobachten, wie du einem kleinen Geschwisterchen zum Rollenvorbild wirst. Vielleicht sollten Mama und Papa eine Flasche Wein öffnen und alle Bedenken und die Kondome vergessen. Schließlich haben sie dich nur, weil sie vor zweieinviertel Jahren genau das getan haben.

Kool-Aid

(ohne Alkohol)

Anmerkung
Anrühren und trinken. Mama sein ist das Beste.

Wie dringend Sie diesen Drink brauchen
🍼🍼🍼🍼🍼

Danksagung

LYRANDA MARTIN EVANS:
Ich möchte meinen Eltern danken, die sich auch nach fünf Kindern und mehr als vierzig Jahren Ehe noch sehr lieben. Ihr habt die Maßstäbe gesetzt, wie man Kinder großzieht: Ihr habt uns immer bedingungslos geliebt, uns angespornt, unser natürliches Potenzial auch auszuschöpfen, und nie jemanden vorgezogen (*hüstel*). Mein Dank gilt auch meinen Brüdern und Schwestern. Ihr inspiriert mich jeden Tag neu, Das Biest zu sein. Schließlich möchte ich noch Paul Constable danken, der half, den Humor in diesem Büchlein erblühen zu lassen – ohne dass er dafür als Mitautor genannt würde.

FIONA STEVENSON:
Mein Dank gilt meinem Mann Hadley, der ein besserer Freund/Partner/Kindsvater ist, als ich mir je erträumt hätte. Ich kann gar nicht glauben, dass ich jeden Tag neben einem so großzügigen, einfühlsamen, lustigen und unterhaltsamen Menschen aufwachen darf. Ich möchte auch meiner Mama und meinen Geschwistern dafür danken, dass sie meine neue Familie mit unbedingter Liebe umfangen und eine nie versiegende Quelle von Inspiration, Unterstützung und Gelächter sind. Ihr seid die besten!

LYRANDA und FIONA:
Unser gemeinsamer Dank geht an Carolyn Forde von Westwood Creative Artists, Anna Thompson von Three Rivers Press, Moira Stevenson, Charlotte Empey und Metro News.

Dank auch unseren unfassbar tollen Freunden, die uns durch unsere Rot und Grau-Highschool-Zeiten hindurch begleitet haben, unseren Ganz Besonderen Schuhen: Remount, unseren Tricolor-Unitagen, unseren (von den vier Leuten im Publikum) hochgelobten Mathe-ist-schwierig-Sketch-Shows, der Hochzeit unseres Singledaseins, Elternschaft und diesem Le Café III-Projekt.

Tina Constable, Mauro DiPreta, Campbell Wharton, Tammy Blake, Meredith McGinnis, Linda Kaplan, Sigi Nacson, Elizabeth Rendfleisch, Maria Elias und Travis Cowdy.

Außerdem möchten wir allen Menschen danken, die unseren Blog verfolgten und kommentierten und gemeinsam mit uns über jede auf dem Boden zertretene Erbse lachten.

Cocktail-Verzeichnis

Blue Curaçao

Bourbon

Crème de Cacao

Crème de Cassis

Crème de Menthe

Gin

Wein /Sekt/Champagner

Sachregister